FIRESIDE SERIES
Ramtha
Volume 3, No 3

평행 현실: 양자 장의 요동

Parallel Lifetimes: Fluctuations in the Quantum Field

평행 현실: 양자 장의 요동

PARALLEL LIFETIMES: FLUCTUATIONS IN THE QUANTUM FIELD

개정판

Copyright ⓒ 2003, 2007 제이지 나이트

표지 디자인: 카멜 바츠 Carmel Bartz

이 책의 한국어판 저작권과 판권은 람타 깨달음 학교와 유희준(유리타) 독점 계약으로 유희준이 소유하며 아이커넥에서 2014년에 출판합니다. 영문으로 되어 있는 람타의 가르침이 번역하는 과정에서 본의 아니게 람타가 의도하는 메시지와 다르게 전달되었을 수도 있습니다.

이 책은 저작권법에 의거하여 보호받는 저작물이므로, 저작권자인 JZK Publishing이나 JZK, Inc.의 서면 허가 없이 촬영이나 녹화 형태를 포함한 전자적 혹은 기계적인 수단 그리고 정보 저장과 정보 검색 시스템에 의한 방법까지 포괄하여, 어떤 형태나 어떤 방법으로도 무단 전재와 무단 복제를 금합니다.

이 책의 내용은 자기 테이프와 CD에 녹음/저장된 시리즈물, Ramtha Dialogues®에 기반하고 있으며, JZK, Inc.와 제이지 나이트의 허가를 받아, 미 연방 저작권법에 의해 등록되었습니다.

이 책은 2001년 6월 에세이에서 한 Ramtha Dialogues®의 부분적인 구술 표기 transcription에 기초한 내용입니다. Copyright℗2001 JZ Knight.

Ramtha®, Ramtha Dialogues®, C&E®, Consciousness & Energy℠, Fieldwork℠, The Tank®, Blue Body®, Twilight®, Torsion Process℠, Neighborhood Walk℠, Create Your Day℠, The Grid℠ 그리고 Become a Remarkable Life℠은 JZ Knight의 등록 상표이자 법으로 보호받는 서비스 마크이므로, 허가 하에서만 사용할 수 있습니다.

JZK Publishing
A Division of JZK, Inc.

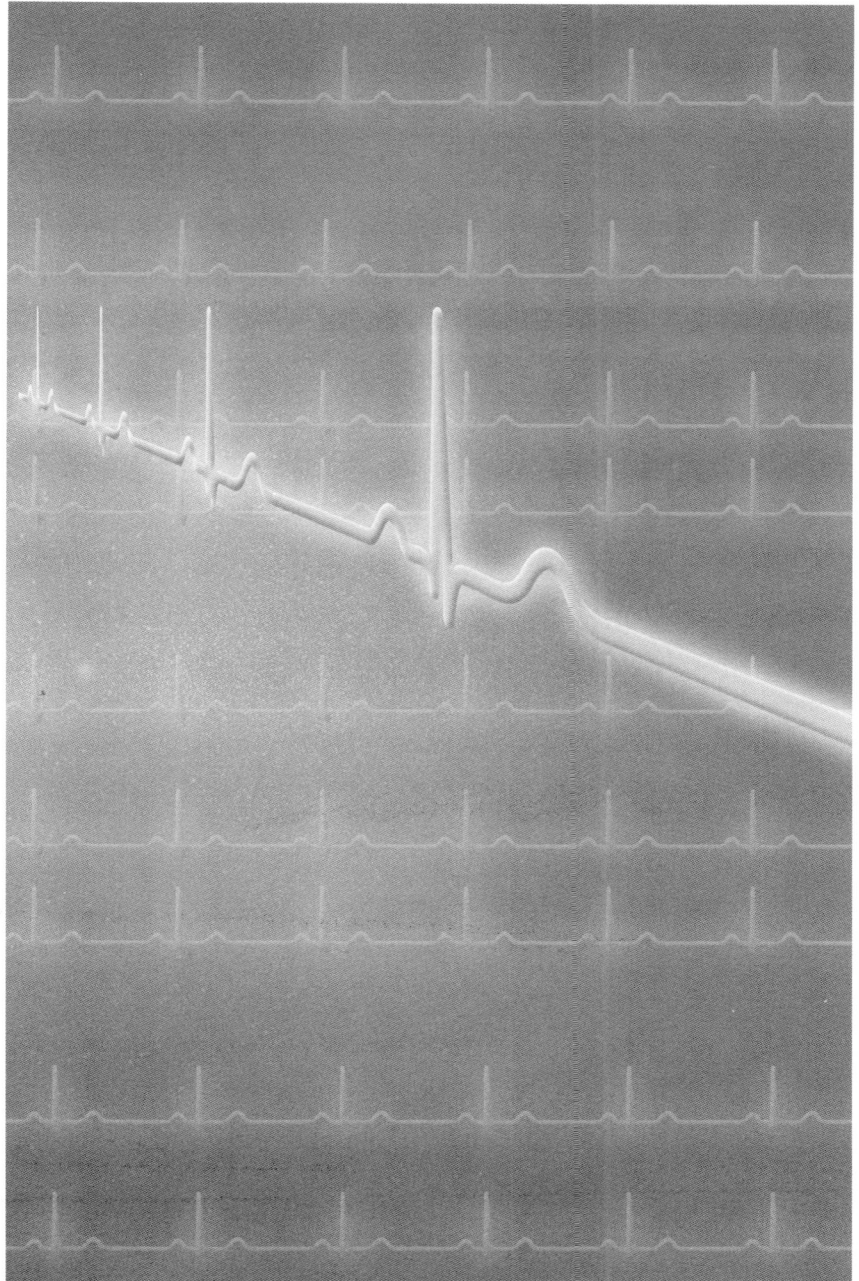

평행 현실: 양자장의 요동
PARALLEL LIFETIMES: FLUCTUATIONS IN THE QUANTUM FIELD

펴 낸 날 : 2023년 11월 23일 초판 3쇄
옮 긴 이 : 손민서
펴 낸 이 : 유기준
펴 낸 곳 : 아이커넥 www.iconnectbooks.com
등록번호 : 제 251-2011-036호
등록일지 : 2011년 6월 1일
주   소 : 경기도 용인시 수지구 수지로 41, 101동 1503호(상현동, 현대프레미오)
전   화 : 031-263-3591
팩   스 : 031-263-3596
인   쇄 : 삼영애드컴 02-2267-7002
홈페이지 : www.rsekorea.com
ISBN : 978-89-966710-3-9
판매정가 : 12,000원

잘못 만들어진 책은 구매하신 서점에서 교환해 드립니다.
이 책을 무단 복사, 복제, 전재하는 것은 저작권법에 위반됩니다.
이 도서의 국립중앙도서관 출판시도서목록(CIP)은 서지정보유통지원시스템
홈페이지(http://seoji.nl.go.kr)와 국가자료공동목록시스템(http://www.nl.go.kr/kolisnet)에서
이용하실 수 있습니다.
(CIP제어번호 : CIP2014010367)

파이어 사이드 시리즈는 람타의 가르침을 사랑하며 위대한 작업을 실천하고 있는 모든 학생들을 위해 만들어진 것입니다.

이 책을 공부하고 숙고하기 위해 이상적인 학습 환경을 만들 것을 저안합니다.

책을 읽기 전에 벽난로에 불을 지피고 편안하게 자리를 잡으십시오.
열린 마음으로 배우고 천재가 되십시오.

감수자의 말

인류 역사에 길이 남을 람타 최고의 명강의들을 책으로 접할 수 있는 파이어 사이드 시리즈, 그 중 〈평행 현실: 양자장의 요동〉이 그 첫 테이프를 끊게 되었습니다. 이 세상에 출현한 이후 지난 38년간, 람타는 수많은 사람들을 가르쳐 왔습니다. 이에 람타 깨달음 학교는 람타 가르침의 오염을 철저히 방지하기 위해 모두 녹음/녹화의 형태로 보존하고 있습니다.

이러한 람타의 명강의들로 구성된 파이어 사이드 시리즈는 '위대한 작업'을 하고 있고 람타의 가르침에 익숙한 사람들이 지속적으로 학습할 수 있는 도구입니다. 따라서 람타 가르침을 처음 접하는 분들에게 파이어 사이드 시리즈는 난해한 내용과 낯선 용어들로 상당히 어렵게 다가올 것이라 사료됩니다. 그래서 저는 아이커넥에서 출간한 〈람타, 화이트 북〉과 〈람타, 현실 창조를 위한 입문서〉를 먼저 읽어 보실 것을 강력하게 추천합니다.

독자 여러분이 책을 읽는 데서 한 발 더 나아가, 람타 가르침과 삶에 적용 가능한 훈련법을 체계적으로 학습하기를 원할 경우, 한국을 비롯한 전 세계 오프라인 이벤트www.ramtha.com나 실시간 스트리밍과 온디맨드를 포함한 온라인 이벤트를 www.ramtha.tv에서 참가하실 수 있습니다.

〈평행 현실: 양자장의 요동〉은 내 현실에 펼쳐지는 나의 이야기이고, 나의 평행 현실을 어떻게 창조할 것인가에 대한 이야기입니다. 비록 내용이 어렵다 하더라도 여러 번 반복해서 읽고 이해하고 삶에 적용한다면, 여러분은 반드시 여러분만의 진리를 얻고 진정한 깨달음에 이를 수 있을 것입니다. 파이어 사이드 시리즈는 그만큼 강력하고 심오한 내용이 녹아 들어 있는 책입니다.

파이어 사이드 시리즈 〈평행 현실: 양자장의 요동〉의 출간은 저에게 큰 흥분과 감동을 안겨줍니다. 많은 사람들의 노고를 거쳐 오랜 산고 끝에 탄생했음을 알기에, 그리고 람타 깨달음 학교 한국 코디네이터로서 해야 할 많은 일들 중 하나를 마쳤다는 뿌듯한 마음에 더욱 그러하리라 생각합니다.

이 강력한 람타의 가르침이 여러분의 가슴에, 여러분의 혼에 안착하기를 간절히 바랍니다. 이 책이 여러분의 영적 여정에 찬란한 빛이 될 것임을 저는 믿어 의심치 않습니다.

2014년 3월
람타의 5월 한국 방문을 앞두고,
람타 깨달음 학교 한국 코디네이터
유리타
www.yulitayoo.com

개정판 서문

파이어 사이드 시리즈는 가장 인기 있고 흥미로운 람타의 가르침들을 골라 엮은 단행본으로, 계속 간행되는 총서입니다. 이러한 단행본 간행은 '위대한 작업'을 하고 있고 람타의 가르침을 사랑하는 모든 학생들을 위해 만들어졌을 뿐만 아니라, 람타 깨달음 학교 학생들과 더불어 람타의 가르침에 친숙하거나 관심 있는 사람들이 람타 가르침을 지속적으로 학습할 수 있는 도구로 만들어졌습니다.

람타는 현실의 본질에 대한 설명과 여러 가지 다양한 훈련을 통한 실질적 적용에 관하여, 약 40년간 꾸준하고 체계적으로 깊이와 폭을 넓혀 왔습니다. 우리는 파이어 사이드 시리즈 독자들을 람타 깨달음 학교에서 실시하는 비기닝 이벤트나 워크숍에 참여하였거나, 적어도 람타가 처음 입문하는 학생들에게 가르치는 내용에 친숙한 사람들로 간주합니다. 람타의 기본적인 가르침에 관한 것은 〈람타, 현실 창조를 위한 입문서〉 (아이커넥 출판 2012년 6월)를 참고하시기 바랍니다.

파이어 사이드 시리즈 후미에 독자의 이해를 돕고자 람타가 사용하는 기본 개념에 대한 용어 해설을 첨부하였습니다. 또한 이 내용에 익숙하지 않은 독자들을 위해 이 모든 일이 어떻게 시작되었는지를 해설한 람타에 대한 제이지 나이트의 짧은 소개도 덧붙였습니다. 즐겁게 읽고 숙고하시기 바랍니다.

람타에 의해 전달되는 메시지의 진실성을 유지하고, 독자들이 람타 앞에서 직접 가르침을 받는 것처럼 하기 위해 되도록이면 람타가 사용한 말들을 그대로 옮겼습니다. 부정확하거나 이상하게 보이는 문장이나 어휘가 있다면, 그 말의 숨은 의미를 파악하려고 노력하면서 다시 한번 읽어보시기 바랍니다. 또한 명확성을 위해서 JZK Publishing의 자회사인 JZK, Inc에서 출간된 원서 〈PARALLEL LIFETIMES: FLUCTUATIONS IN THE QUANTUM FIELD〉를 읽으시기 바랍니다. 당신에게 행운을 빕니다. 즐겁게 읽으십시오.

---람타 깨달음 학교(RSE) 편집인

차 례

일러두기	12
위대한 창조의 설계자는 누구인가?	13
아카식 레코드, 신의 마음 그리고 양자 장	25
데이비드 봄의 감춰진 질서와 양자의 예측 불가성	30
무엇이 아원자 입자에게 괴상하고 역동적인 속성을 주었나?	38
우리의 양자 상태, 그 특징	41
양자 세계에는 시간이 존재하지 않는다	54
평행 현실과 양자 요동	58
암호화된 혼의 사상寫像 해독	65
양자 요동의 진실과 거짓	68
클라이맥스와 지혜	73
그렇다면 삶의 의미는 무엇인가?	77
예측 가능성의 자성磁性을 차단한다	82

핵심은 두뇌 역점화 88

에필로그 – 제이지 나이트의 '이 모든 일이 어떻게 시작되었나.' 97

용어 해설 107

그림 해설 123
    [그림 A] 인간의 육체에 있는 7가지 의식 차원 124
    [그림 B] 의식과 에너지의 7가지 단계 125
    [그림 C] 두뇌 125

본문 내 그림 목록
    [그림 1] 람타의 현실 모델과 양자 입자들 36
    [그림 2] 우리의 양자 상태, 그 특징 51
    [그림 3] 양자 요동 56

일러두기

1. 람타는 자신의 메시지를 전달할 때, 두뇌에서 뉴런이 점화되어 신경학적인 이미지가 일어나도록 단어를 신중하게 선택합니다. 이러한 람타의 의도를 고려하여 독자들에게도 같은 반응이 일어나도록 그의 가르침을 가능한 한 그대로 번역하였습니다. 이 같은 이유로 본문을 읽다 보면, 쉼표가 많이 나오는 것을 볼 수 있습니다. 이 책을 읽을 때 쉼표가 나오면 잠시 멈추고, 방금 읽은 단어나 문장이 두뇌에서 점화되도록 충분한 시간을 갖기 바랍니다.

2. 번역한 단어가 원문의 영어 단어의 의미가 완전히 일치하지 않거나, 문맥상 하자가 없어도 번역한 단어 외의 의미가 섞여 있을 가능성이 있거나 하는 이유로, 독자들이 자유롭게 해석하고 스스로 의미를 풍부하게 할 수 있도록 하기 위해, 역자 주로 원문의 단어를 삽입했습니다.

그 대표적인 예가 '차원'입니다.

plane 차원/알려진 물질적 우주를 넘어서는 보다 안정적인 의식의 상태로 이해하는 차원.

dimension 차원/상대적인 물질의 성질에 따라 상호작용하고, 입자와 장 개념과 상관관계에 있는 구조를 가진 사물의 공간적 구성으로, 근본적으로 수학적 표현이다.

level 차원/양자 역학적 시스템이나 한정된 입자에 의해 유지/수용되는 에너지의 개별량으로 구분하는 차원.

이상은 옮긴이의 부족한 이해에도 불구하고 독자의 이해에 도움이 되고자하는 오지랖으로 옮겨 놓은 설명이니 반드시 참고만 하시길 당부 드립니다.

3. 본문 후미에 '용어 해설'과 '그림 해설'을 첨부하였습니다. 람타의 가르침에는 우리에게 익숙하지 않은 용어나 어휘가 많이 나옵니다. 용어 해설과 함께 그림해설도 함께 참고하시면 가르침을 이해하는데 많은 도움이 될 것입니다.

—옮긴이

위대한 창조의 설계자는 누구인가?

람타 깨달음 학교는 설립된 이래 오랜 세월 꾸준히 '당신은 신이다' 라는 하나의 순수한 개념을 근간으로 삼아왔다. 당신이 "나는 깨달았으며enlightend 나는 해답을 갖고 있다"라고 순연히 말을 한다면 우리는 당신이 완전하고 철저하게 신의 본질the nature of God에 대해 이해하고 있고 알고 있다고 가정할 수 있을 것이다. 이 학교는 이러한 전제와, 이 심오한 진술과 인간으로서의 당신과의 관계, 그것과 함께 출발하였다.

람타 깨달음 학교는 여러 해를 거쳐 −사실상 7년 이 강의는 2001년 6월 에세 이 당시의 강의임− 다양한 훈련을 개발해왔고, 그 훈련들을 가르치고 응용하고 다시 가르치고 응용하였다. 지난 7년은 의식consciousness과 에너지energy의 메커니즘을 배우고, 학교가 이를 스스로 증명하는 데 걸린 시간이었다. '신을 바라보라Behold God'와 같은 소중한 말과 더불어 의식과 에너지 그리고 마음mind의 개념에서 본 자아self에 대한 그 소중한 이해가, 공허한 철학의 영역으로 사라지지 않게 하기 위해 애쓴 시간이었다. 훈련들은 소박하고 순수한 기회를 제공했고, 이를 통해 당신에게 있는 놀라운 면을 보여주었다. 기껏해야 하루나 반나절, 일주일이란 짧은 시간 동안의 일일지 몰라도, 그것은 변화가 일어나고 있다는 표식이자 당신의 가능성possibilities에 대한 통찰

을 제시한 그 놀랄 만한 행위를 기반으로, 당신이 용감히 박스 밖으로 나올 수 있음을 증명해 주었다.[1]

영원의 빛 속에서 시간은 무엇인가? 당신 두뇌의 미지未知the unknown를 탐구하는 데에 당신은 얼마나 많은 시간을 쓸 수 있나? 두뇌와 신체, 신체와 두뇌의 관계를 이해하는 데 당신은 얼마나 많은 시간을 쓸 수 있나? 당신을 둘러싸고 정신 없이 돌아가는 사람, 장소, 사물, 시간 그리고 사건들의 소용돌이, 진정 우리 자신의 것인 그 폭풍의 소용돌이, 진정 우리 자신의 것인 그 삶을 이해하기 위해 당신은 얼마나 많은 시간을 보낼 수 있는가? 그것들이 어떻게 당신 삶에 나타났는지를 이해하기 위해 당신은 얼마나 많은 시간을 보내야만 할까? 영원의 빛 속에서 그것을 이해하려면 도대체 얼마나 많은 시간을 보내야 하는 걸까?

우리 마음에 지적, 심리적, 종교적 함의가 꽤 완벽하다고 믿는 가설postulate을 지니고 그것을 인용할 수 있다고 해서 영적인 삶에 대한 이해가 있다는 내면의 느낌을 가지거나, 섣불리 철학의 영역에서 판단하려 든다면 그것은 잘못이다. 어느 누구도 그 말가설을 반복해서 말할 수 있다는 이유로, 슬그머니 올라오는 판단을 성급히 확정 지어서는 안 된다. 이는 그 가설의 종말을 의미한다. "이 보잘것없는 문장이 내가 마음에서 믿는 것이다. 이 작디 작은 박스가, 나의 내면에 있는 이 보잘것없는 말이 내 영적 삶이고 이것이 나의 믿음이다. 이것이 바로 나의 종교다. 이 보잘것없는 박스가 내 삶을

---

[1] 람타 깨달음 학교에서 학생들이 배울 내용에 관한 소개는 www.ramtha.com 을 방문하시거나 '람타 깨달음 학교: 내면 성찰 A Look Within' 영상을 참고하시기 바랍니다. (Yelm: JZK Publishing, a division of JZK, Inc., 2000)

의미하는 심리학적 이해다." 우리는 영적이기를 원하는 때면 그것을 전면에 내세운다. 우리가 그 신경망neuronet 버튼을 누르면 그 보잘것없는 문장들이 떠오른다. 그런 생각들이 떠오르면 당신은 그것들을 믿고 지지하고 그 생각들을 말로 한다. 그러나 그 생각들이 희미하게 사라지고 나면, 당신은 다시 감정의 폭풍 속으로 돌아간다. 당신은 당신 마음을 노출시키는 임무를 이행한 것이다.

신은 인간을 열렬히 사랑한다. 인간 개개인이 신의 거울이자 신의 가장 위대한 잠재력이기 때문이다. 신이 스스로를 경험하고자 하는 그 위대한 열정으로 자신을 저 멀리 내던져 종국에 공간/우주이하 space는 공간으로 번역함 그 자체가 되기까지는 영원의 무한함 속에서 아주 아주 오랜 시간이 걸렸다. 그것은 왕성하게 이루어졌다. 그것은, 오늘 우리가 보고 있고 또 알고 있는 '공간'이 그저 하나의 잠재된 가능성a potential으로 존재했을 때, 신이 자신의 창조물 밖으로 나와, 보이지 않는 세계에서 드높은 개념들concepts을 개발시키고자 하는 열정을 가지고 영원의 무한함 속에서 이루어낸 놀랄 만한 여정이었다. 현실이라는 플랫폼platform of reality 그리고 그 광경에 있는 것은, 의식과 에너지, 그것이 지닌 아이디어를 가진 창조주와, 의식과 에너지가 형태를 갖췄던 곳을 펼침the unfolding, 이 두 가지 개입만이 유일했다. 그런 아이디어가 형태를 얻고 경험이 이루어지고 있었을 때, 무無로 향한 광활하고 척박한 풍경은 하나의 생생한 차원dimension의 모습을 띠기 시작했다.

위대하고 위대한 건축가는 무엇보다도 훌륭하고 무엇보다도 경이로운 차원들plane을 조금도 서두르지 않고 건설했다. 무엇을 위해 서둘러야 한단 말인가? 최고의 의식이자 비할 데 없이 강력한 창조의 주체인 이 위대한 존재는 척박한 마음—척박한 의식—을 차원화한dimensionalized 마음으로, 또한 척박한 광활함을 출중한 아름다움으로 개발하였다. 그리고 그 일은 계속 계속 계속되었다. 각 차원level은 오직 이 존재가 축적해온 자기 실현된 생각들이 한계에 다다라, 기존의 차원level에서는 유지될 수 없었던 한 개념과 충돌하였기 때문에 창조되었다. 그 개념은 새로운 아이디어로 가는 양자 도약quantum leap이었기 때문이다. 신은 그러한 차원들dimensions 속에서 자신으로부터 그렇게 놀랄만한 아름다움을 빚어냈다. 새로운 아이디어는 신의 마음으로 도약하였는데, 그 곳은 의식과 에너지의 강, 그 흐름 속에서 또 다른 척박함, 여전히 황량한 차원plane으로 창조되었다. 고귀한 인식realization을 가지고 이 장엄한 존재는 마음이라 불리는 자기 자신 속에서, 너무나 다른 모습, 다른 시간, 다른 구조로 세웠던 위대한 지혜와 심원한 개념을 형상으로 만드는 일을 계속 했다. 이러한 구조들은 점점 더 무거워지고 광활해져 갔다. 그리하여 시간 그 자체가 확장할 수 있었다. 신의 마음의 최종적인 경험을 향한 꿈의 고속도로는 더 길어지고 더욱 아름다워져 갔다.

내가 말하는 이 신은 당신의 신이다. 신의 생각을 차원화dimensionalizing 하는 데에는 상상을 불허하는 많은 시간—시간은 법칙이 아니었지만 법칙 안에서 사용되었다—이 걸렸다. 이 신은 그러한 모든 차원들levels을 개발한 데 이어, 완벽한 탈것인간의 육체을 개발하기 위해 역시 영겁의 시간을 들였다. 이 땅에 여기 차원plane의 것으로 뚜렷이 구별되는 의식에서 나온 씨앗들을 파종하고 그 씨앗들이 발아했던 그 때 —모든 것들이 여기의 시간, 거리, 공간, 물질의 의식으로 만들어지고, 신들이 아이디어를 물질로 옮기고 창조하고 있었을 당시—, 지구의 위대한 정원사는 이 모든 것들을 구현하였으나, 신이 그것과 합일하여 그것이 되기 전까지는 생명이라 부를 수 있는

평행 현실: 양자장의 요동

것은, 아주 단순한 세포조직 하나도 창조할 수 없었다. 에덴의 위대한 정원사는 스스로 꽃이 되지 않고는 꽃을 딸 수 없다. 생명의 숨결이라 불리는 그것은, 그 유기체 속에다 그것의 신에서 나온 그것의 아이디어만 불어넣었던 것이 아니라, 마음, 즉 하나의 합일된analogical 마음으로서 그 곳에 그 아이디어를 남겨두었는데, 그 마음은 이후 단세포 조직의 DNA와 그것의 최종적 사회 의식으로 발전할 수 있었다.

모든 꽃, 모든 벌레, 모든 박테리아, 모든 바이러스, 모든 것은 살아 있다. 합일된 경험의 숨결을 통해 생명을 부여 받았기 때문이다. 신은 그것과 합일하고, 이 생명 없는 아이디어에 살아 있는 숨결을 불어넣는다. 그 살아 있는 숨결을 마음이라 일컫는다. 그것은 자신만의 마음을 가지며, 그리고 그 마음은 무한한 잠재력을 가진다. 이러한 신들이 꽃을 창조할 수 있어서 그렇게 했다. 그런데 정원의 꽃이 만개하여 따야 할 때, 그에게 꽃을 딸 손이 없고, 향기 맡을 코가 없고, 꽃들 DNA의 진정한 색깔을 볼 눈이 없다면, 그 때 그들은 무엇을 했겠는가? 신은 남자와 여자를 창조했다. 당신들은 이 이야기를 모두 들었다. 20년이 넘는 시간 동안 나는 이 이야기를 아주 위대하고 훌륭하게 그리고 자세히 설명해 주었다.[2]

허나, 지금 우리가 여기서 다루는 이야기는 천오백 만년보다도 더 오래 전에 DNA로 형성된 당신 육체 속의 당신, 우리 인간 창조에 관한 역사라고 말해 두면 충분할 것이다. 당신들은 쓸 만한 탈것을 만들어낸 이 신이라 불

---

2 인간 문명, 그 기원과 진화를 보라. '인류 역사에 관한 한 마스터의 성찰A Master's Reflection on History of Humanity' - Part 1 of Ramtha' (옘Yelm: 주식회사 JZK 출판부, 2001)

리는 위대한 성령Holy Spirit에 대한 개념을 오늘에 이르게 했다. 그 쓸 만한 탈 것은 초기 단계에 기민한 건축가와 창조주를 두어 계속해서 다듬고 창조하였고, 그리하여 위대한 정원사는 그의 정원을 거닐고 꽃을 딸 수 있게 되었다. 이 육체는 꽃, 지구, 지구의 물과 같은 속도로 진동하므로, 그것이 비롯된 것과 같은 물질, 같은 의식으로부터 창조되었다.

그것육체은 박테리아와 다르지 않다. 그것은, 그 몸에 거하는 신이, 신의 위대한 미개척 영역을 그의 순수한 근원으로부터 가져와 그 정수인 몸에 펼치도록 하는 능력을 가진 두뇌, 그 두뇌를 가진 무한한 합일의 창조자로 계속 존재할 수 있도록, 그렇게 똑같은 속도로 진동한다. 신은 살아 움직이는 생명을 즐길 수 있을 뿐 아니라, 꿈을 만지고, 꿈을 향기 맡고, 꿈을 듣고, 꿈을 맛보는 -그는 꿈을 창조한 적이 있다- 지금의 육체를 가지게 되었다.

당신이 여기 있는 이유는 당신의 사명이 무엇인지 잊어버렸기 때문이다. 당신은 당신이 가진 도구를, 당신이 가진 메커니즘을, 그리고 당신이 창조적인 풍요의 한 차원level을 책임지는 핵심이라는 사실을 잊어 버렸다. 세월이 흐르고 별들의 변화로 인해, 지구와 다른 행성계에 사는 많은 사람들은 우주가 균형을 이루기 위해 일으키는 대이변에 쉽게 영향을 받았다. 지구에 있었던 최초의 위대한 신들은 그러한 일들을 예의 주시했고, 또한 그러한 일을 어떻게 다루는지 잘 알고 있었다. 그러나 이어지는 모든 세대가 그것에 관한 지식을 잃어버렸고, 대이변은 그들을, 그들의 두뇌를, 그들의 육체를, 그들의 혈육을 파멸에 이르게 했다. 그런 뒤 나타난 새로운 자손들은 더욱 더 궁지에 빠졌고, 더욱 더 길을 잃고 퇴보하였다.

당신은 한 때 상상할 수 없을 만큼 아름다웠다. 당신은 한 때 상상할 수 없을 만큼 상상할 수 있었다. 당신은 한 때 자신이 창조한 꽃과 벌레조차도 신에게 축복의 본질을 알게 해 줄 정도로 그렇게 스스로를 사랑하는 신의 관리자였다. 스스로를 사랑한 신은 그러한 위대한 업적으로 사랑스러운 것들을 창조했으며, 그 중의 하나인 육체로 그 사랑스러움을 감상할 수 있었다.

지질학적으로나 의식적으로나 당신은 극적인 변화의 기로에 서 있다. 당신 자신을 구원하고 싶으면 당신에게 그렇게 할 수 있는, 어떤 능력이 있는지를 기억해야 한다. 자신이 갖고 있는 그런 능력을 모른다는 것은, 장님이 장님을 이끄는 꼴이며 결국에는 시궁창에 빠질 것이다.

아름다운 신의 본질이 사라졌다. 인간의 경험이 자신의 감정적 표현에 깊숙이 빠져버림에 따라, 자신의 창조성을 잃어버린 채 중력과 자기력만 가지고 자신의 감정과 정서에 보충되는 것들만 자신의 소용돌이로, 자신의 삶으로 끌어들인다. 당신 존재의 위대한 신은 마비된 신이 아니다. 마비된 것은 당신이다. 세대에 세대를 거쳐 당신은 이 정신 없는 소용돌이를 영속시켜왔다. 당신은 물질 덩어리 속에서 아주 무거워지고 물질의 완숙기로 도약해, 경험하기에 좋은 육체를 보존하는 것 외에는 다른 어떤 것도 창조할 필요 없이, 다 자란 인간들의 감정적 흐름에 동참할 수 있었다.

당신은 당신의 인생이 방향을 틀었을 때를, 그리고 위대한 창조의 힘이 당신의 마음으로, 당신의 영감으로, 당신이 소용들이 뒤에 남겨둔 그 곳으로 다시 돌아왔을 때를 기억하라는 강한 재촉을 받을 지도 모른다. 우리가 여기에서 생을 사는 이유는 감정에 매이거나 아이디어를 영구화하기 위한 것이 아니라, 오랜 시간 잊혀졌던 위대한 건축가인 당신이 은둔하고 비밀리에 칩거해 살고 있는, 우리 두뇌 속의 특출한 왕좌로 다시 돌아가기 위해서이다. 위대한 건축가, 위대한 신은 당신 생에서 뭔가 해달라는 요청을 조금 밖에 받지 않았기 때문에, 일을 조금 밖에 하지 않았다. 신은 당신 두뇌 속에, 세포 속에, 의식과 에너지라 부르는 강의 제방에서 떼어낸 진흙인 DNA, 당신의 그 DNA 속에 생명을 부여하였다.

내가 방금 말한 것들에 대해 이해한다는 것은, 정원에서 마침내 꽃을 만지고 심지어 그 꽃을 따기까지 하는 신에게 우리를 다시 데려다 놓는 것이다. 정말 특별한 감동이지 않은가! 그 꽃은 신이 심은 유일한 꽃일까? 그 꽃이 고원을 지배하던 유일한 꽃일까? 당신은 당신이 아주 중요한 시기에 있다는 것을 이해하지 못한 채, 박스에 갇혀 영적인 반박이나 철학적 변명을 늘어놓으며 계속 그 소용돌이 속에 있을 수도 있고, 또한 다시 돌아와 고대의 비밀스런 가르침을 당신 능력 밖이라며 내치지 않고, 당신 능력의 범위로 받아들여 배울 수도 있다. 학교가 지나온 모든 시간들은 놀랍고도 아름다운 여정이었다. 이 여정은 강력한 끌림의 여정이었고, 열정의 무게가 실린 여정이었고, 쓰디쓴 증오의 여정이었다. 학교는 사람들이 그들 마음의 가장 깊고 가장 어두운 지옥과, 감정의 포로가 되어 갇혀 지낸 그들의 감옥을 경험한 후에도 여전히 존재한다. 가장 광범위하게 표현을 하자면, 이 학교는 당신이 자기 실현된 사랑의 활동을 하는 위대한 신, 미지의 것을 깨달으려는 창조적인 추진을 하는 신, 스스로를 알기 위해 열정적으로 공격을 계속하는 신, 황량한 불모지에 마음의 위대한 개념을 세우려는 신이었으나, 이후 줄곧 영원 속에서 작디 작은 존재로 있는 당신을 탐구하고자 노력해왔다.

내가 여기 온 이유는, 마치 컴퓨터가 잃어버린 부분을 추리할 수 있고 기억장치인 메모리에서 복구 가능한 시각적 그림을 당신에게 제공할 수 있는 것처럼, 기억과 패러다임을 체계적으로 나타내고 합리적으로 설명할 수 있는 경이로운 육체/사고 메커니즘을 너무나 열정적으로 사랑하는, 그 장엄한 창조자의 본질을 당신에게 알려 주기 위해서이다. 신은 가장 정교하고 아름다운 육체, 그리고 생각하고, 또 그 생각을 알아차리고, 또한 어떻게 이성적으로 추리하고, 어떻게 차원화하고, 어떻게 생각을 전파하는지를 배울 수 있는 당신의 능력을 창조했는데, 그것이 바로 당신이다.

이 자그마한 학교, 이 자그마한 법칙은 두꺼워지고 무거워지는 당신의 모든 면을 탐구하기 위해 여기에 있어 왔다. 당신이 항상 의식했어야 하는 것은 놀라운 것the remarkable, 아니 어쩌면 당연한 것the natural에 대한 추구이다. 그것이 더 이상 당연하지 않으면, 그것은 놀라운 것일지 모른다. 정녕코 당신이 그 그림을 어떻게 그리느냐의 문제이다.

생명을 부여하는 자는 누구인가? 신이다. 신은 살아 있는가? 아니다. 신은 생명을 부여한다. 신은 영원하다. 그것은 심원한 진술이며 당신을 이해할 수 있는 실마리이다. 지난 수년 간 '당신은 신이다'라는 말로, 내가 은근히 망쳤고, 더럽혔고, 모욕했던, 신성에 대한 침범이 얼마나 많았을 지 당신은 상상할 수 있을 것이다. 나는 신의 완벽한 성전聖殿temple은 인간의 육체라고 생각한다. 왜냐하면 나는 그것이 그렇다는 것을 알기 때문이다. 또한 나는 신이 지구상에서 자연의 형태로 복제되었다는 것을 알고 있으며, 진정 신의 가장 위대한 성전은, 아주 밝게 빛나는 광선들, 그들 속에 사는 놀라운 생명을 암시해주기 위해, 오직 그것을 위해 반짝거리고 있는 별들, 그 위로 드리워진 영원의 장막이며 천국의 둥근 천정이다.

누가 만물의 관찰자Observer이건 그는, 어떤 성스러운 책도 담아내지 못했던 심오한 비밀들을 알게 될 것이다. 지금까지 기록되었던 가장 위대한 메시지를 간단히 말하면, 그것은 인간의 형상으로 그렇게 사랑 받는 위대한 신, 무에서 유를 창조하는 위대한 신의 내면에 존재하는 그 위대한 플랫폼의 의식儀式을 알고 하는 관찰과 참여이다. 모든 창조물들은 그것에 생명을 부여한 신으로부터 나온 합일의 극치인 생명의 숨결을 지니고 있다. 신은 모든 곳에 존재한다. 모든 돌, 모든 자갈, 모든 모래알, 모든 이파리, 모든 색깔, 모든 수소 방울, 모든 구름, 모든 비, 모든 햇살은, 수많은 형상 속의 수많은 신들이 고유한 그것들이 됨으로써, 또한 우리의 걸출한 드라마를 펼칠 무대를 장식하는 생명을 그들에게 부여함으로써, 존재에 이르게 한 자신만의 고유한 플랫폼platform을 내부에 갖고 있다.

아카식 레코드, 신의 마음 그리고 양자 장

혼은 신의 마음에 보냈던 각 개체의 업적들 중에서 끝내지 못한 일을 기록하는 녹음기이자 기록원이다. 신의 마음은 고대인들이 아카식 레코드 Akashic Record라 불렀던 유동적인 마음을 말하는데, 이것이 의미하는 것은 전적으로 '공간'이다. 오늘날 우리는 좀 더 세련된 용어로 이것을 양자 장quantum field이라 부르고, 이것의 영적 이름은 신의 마음이다.

밀교密敎occult식 표현의 하나인 아카식 레코드는, 여기에 있는 모든 세대 뿐 아니라 모든 꽃과 동물, 박테리아의 전全 세대가 실행했건 실행하지 못했건 간에 품었던 모든 생각, 활동, 업적을 담고 있는 감지하기 어려운 유동체인 에테르ether, 앎을 지닌 공간을 뜻한다. 이 에테르는 신이 생명을 부여한 것은 무엇이든 그 생명은 바로 이 공간에서 포착되는데, 생명은 여기 지구상의 사람들만을 말하는 것이 아니다. 지구 내부에 있는 사람들은? 지구 위에 있는 사람들은? 은하수에 있는 사람들은 어떠한가? 신의 마음이라고 불리는 공간 속에서 ―시간이 존재하지 않는― 내내 살아 온 당신은, 다른 모든 것과 더불어 모든 생각, 모든 말들, 모든 행적들, 모든 의도들을 담은 이러한 구조에 각인되었다. 이것은 살아 숨쉬는 기록이다. 공간은 당신만 포함하는 것이 아니라, 이 행성과 마찬가지로 생명을 유지하는 각기 다른 단계의 진화evolution와 하강involution 속에 있는 은하수 내 115억개의 다른 행성들을 포함한다.

지금까지 존재했던 모든 합일된 생각은 본질적으로 신의 마음이다. 봄과 여름에 피고 지는 모든 꽃은 그러한 클라이맥스climax를 통해 생명을 부여 받았다. 생명을 부여한 후 신은 그 꽃에서 물러났고, 그리고 생명의 숨결을 받은 그 꽃은 이제 온전히 그것의 존재가 될 수 있었다. 그리고 진정 그 꽃은 본질적으로 그 스스로를 주관하며, 그것으로 살아갈 수 있었다. 만약 신이 항상 그 꽃과 합일된 상태라면, 그 꽃은 결코 형상을 갖지 못했을 것이다. 신이 창조한 것이 살아 숨쉬는 것이 될 수 있으려면, 그것이 되고 신의 은총 아래 그것을 떠남이 이루어져야 했다. 신이 새로운 패러다임의 형상을 빚기 위하여 그러한 합일된 생각들 중 하나를 필요로 할 때, 신은 언제나 '과거에 그랬다'보다 '만약 이러면 어떨까'를 더욱 강력하게 꿈꾸는 아주 자유롭게 움직이는 존재였다.

주위를 둘러보라. 이 곳에서도 미적대지 않고, 숲 속에서도 미적대며 머물지 않고, 들판으로 가 백합을 만들며, 들판의 백합에서 역시 멈추지 않고, 꿈틀대는 사랑스러운 황금빛 곤충들을 만들어냈던 그 합일된 신성이, 당신 주위의 이 모든 것들을 무에서 창조했다. 무언가와 합일한 상태로 머문다는 것은 결코 완전한 것도, 생명을 주는 것도 아니다. 신의 힘이 그 곳을 떠나야, 그 곳은 살아 숨쉬는 것이 된다. 식물과 바위와 박테리아와 동물의 생명력이 신성하지 않다고 누가 말할 수 있나? 그 모든 것이 신성하다. 왜냐하면 모든 살아 있는 것 내면에는 그것을 꿈꾸고, 그것이 되고, 그것을 떠나고, 그리고 그것에 신성한 영원의 법칙을 남겨둔 신이 한 때 존재했었기 때문이다.

당신에게 절대적으로 많은 것을 해준다는 이유로 사람, 장소, 사물, 시간 그리고 사건들에 집착하는 당신의 모습은, 참으로 어처구니없다. 그들이 당신을 위해 뭔가 해줄 것이란 믿음 때문에, 그들에게 매달리는 것이 얼마나 터무니없는 짓인지 아는가? 당신은 관계를 가지고, 그리고 나서 그 위대한 정원사처럼 관계를 허용하여 그 자체가 진정 살아있는 것이 되도록, 그것을 떠났던 적이 없다. 놀라운 축제의 성공이 주는 당당함이 그것 스스로 내면에 절정과 향유, 넘치는 기쁨을 가져다 주는데, 당신은 그런 방식으로 지속적인 인내와 보살핌 그리고 관심—본질적으로 포커스 focus의 의미—을 가지고 무엇인가를 가꾸어 본 적이 없다. 가슴에서, 혼에서 샘솟는 것이 사타구니에서 샘솟는 것보다 강하지 않다고 누가 말하는가?

당신은 혼이 안내한 것, 당신이 경험한 것에 매달리고 집착하면서도 여태껏 그들에게 그들만의 삶을 부여하고 그들이 나아가 전진하도록 한 적이 없다. 당신은 혼이 안내한 것, 당신이 경험한 것의 범위를 넘어선 것에 대해서는, 더 이상 당신 머릿속에서 들려오는 신의 목소리를 들을 수가 없었다. 당신은 당신이 할 필요가 있는 것, 해야만 하는 것에 대해서만 들으면서, 해야 한다고 늘 말해온 것들은 결코 끝낸 적이 없는 현명하지 못한 사람들이다.

그래서 당신은 아마도 1차 의식인 신이, 사랑했던 모든 것, 존재했던 모든 것과 상호작용하며 미지의 것을 깨닫는다는 위대한 사명을 열심히 수행했다고 할 지 모르나, 신은 계속 앞으로 나아가고 그것에서 물러나고 저기 보이는 계곡에서 다시 창조하기를 계속했다. 그 신들은 여기에서 창조물을 채굴—그것이 그들의 사명이다—하고 있다. 하지만 그들이 뒤에 남기고 떠난 것은 결코 뒤쳐진 것이 아니다. 우리는 각 창조물을 간단히 생명이라 부르는데, 그 생명은 신이 의식과 자각으로 그 형상을 부여한 합일된 표현으로 존재한다.

생명과 생명의 자각 안에서는 그것이 진정한 부활의 씨앗들이든 아니든 간에, 창조된 생명의 행위는 창조자에게 위대한 선물을 되돌려 주는 것이다. 위대한 선물이란 극단적으로 단순히 표현한 것으로, 이러한 생물체 전부와 신의 마음에서 나온 이러한 아이디어들 전부가 실제로 신의 마음에서 생긴 것이 아니라는 사실, 이것이 바로 위대한 선물이다. 그것들은 의식과 에너지로서의 신으로부터 생긴 것이며, 그가 그것들에게 생명을 부여한 신이었다. 그들 생명의 지속과 개념을 이상화하는 그들 능력의 확대—덩어리 짓고 창조하고 경험하기 위한 물질이라도—가 생각의 형태를 빚어냈다. 그것이 비록 마음이 나타내려 했던 실재성이기는 하나, 우리는 그것이 마음을 창조한 두뇌도 아니고 의식과 에너지도 아니라는 것을 분명히 안다. 마음은, 두뇌에 있는 의식과 에너지의 결과를 보여주는 현상이고, 마음의 수용 능력 안에서 영속시키고 창조한다는 전망을 가지고 그 의식의 흐름 속에서 작동하는 능력이다. 그리하여 그 생명체의 마음은, 계곡에서 새로운 생명을 채굴하는 신에게로 다시 흘러갈 것이다. 그것을 신에게 되돌려주는 선물이라 한다. 그것이 바로 신의 마음이라 불리는 것이다. 신은 마음을 가지고 있지 않다. 마음은 생의 모험에 대한 성적표이며, 신의 마음은 창조된 것과 창조된 그것이 살려고 하는 자유의지, 그것에 의해 확정된다.

데이비드 봄의 감춰진 질서와 양자의 예측 불가성

데이비드 봄David Joseph Bohm은 20세기 물리학자다. 그는 안정된 원자에 반응하지 않는 입자가 있다는 것, 아울러 그 원자는 하나의 안정된 힘이며 하나의 입자 또는 빛을 만드는 원자력이라는 것을 알았다. 그는 빛 다발이 폭발을 창조한 전자와 양전자의 충돌―각 충돌은 광양자를 만들어냈다―이라는 것과 몇몇 원소에서 특정 원자 붕괴가 일어난다는, 이 영역에서 실제로 수용 가능했던 유일한 작용을 알고 있었다.

하지만 봄은 이 영역, 이 의식 차원에서 계속 머물지 않는 입자가 있는 것을 보았고 알아차렸다. 이런 입자들이 반짝거리다 꺼지고, 하나가 나타났다가 사라지고, 그리고 또 어딘가 다른 곳에 나타난다고 그는 설명했다. 그는 이러한 영역을 감춰진 질서implicate order라고 불렀다. 데이비드 봄은 의식과 에너지의 7가지 차원level에 대해 알지 못했다. 또한 모두가 과학적으로 제로 지점zero place이 있다고 결론을 내렸지만, 그들은 제로 공간zero space의 본질이 그들이 연구하고 있는 공간과 입자와 관련이 있다는 것은 알지 못했다. 데이비드 봄이 연구했던 유일한 차원level이 빛의 영역인 3번째 차원the third plane이라고 잠시 상상해봐라. 입자들은 불현듯 나타났다 불현듯 사라질 것이다. 그래서 그는 이러한 입자들이 감춰진 질서로부터 나와 드러난 질서explicate order로 펼쳐진다고 표현했다.

불쑥 나타났다 사라져버리는 이러한 입자들에 대해 데이비드 봄이 몰랐던 것은 무엇이었을까? 그저 반짝거리며 나타났다 사라지는 입자들. 이러한 입자들 각각은 동일한 입자일까? 이 입자를 하나의 나무판자라 하고 그것이 여러 개 있다고 가정해보면, 그 나무 판자 하나로 당신은 집 한 채를, 신의 제단을 지을 수 있는가? 상자를 만들 수 있는가? 다리를, 길을, 코끼리를 만들 수 있는가? 새를 만들 수 있는가? 이 나무판자로 당신이 만들 수 없는 것은 무엇인가? 데이비드 봄의 감춰진 질서에서 동일한 입자가 반짝거리며 나타났다 사라지고 다른 곳에서 다시 나타나는 것을 그는 보았으며, 그리고 그는 그것이 동일한 입자라고 결론 내렸다. 그것은 아마 하나의 나무판자였다가 집이었다가 신의 제단이었을 지 모른다.

왜 이 물리학적 배경과 정적 장static field은 일관되지 않았던 것일까? 왜 가상의 입자virtual particles는 그 안에서 깜박거리며 "안녕, 난 여기 드러난 질서에 있어. 이제 나는 사라졌어." 라고 말하는 것일까? 왜 그러는 것일까? 그들은 왜 다른 모든 대기층에서처럼 정적이지 않았던 걸까? 왜 드러난 질서에서는 입자들의 느슨함이 일관되지 않는 건지, 이를 봄의 감춰진 질서에 준하여 이해하는 사람들은 얼마나 될까? '그 입자들은 감춰진 질서에 속해 있다', 이것이 답이다.

감춰진 질서는 실제로 의식과 에너지, 그리고 입자 현실reality이 4개의 확연히 다른 차원level으로 구성되어 있다. 감춰진 질서가 존재하게 된 배경의 원인은, 스핀입자의 고유한 운동량/물리량으로 입자를 유지하고 지탱할 것을 요구하는 빛의 영역에서는 그 입자들이 존재할 수 없다는 사실 때문이다. 이런 입자들은 극성화極性化되어 있지 않았기 때문에 스핀이 없다. 이러한 위대한 미스터리, 감춰진 질서의 정의를 알 수 있음에 당신은 무척 행복해야 한다.

그렇다면 한 번 반짝거리며 나타났다가는 다른 곳에서 또 반짝거리는, 물리학자들이 동일한 입자라는 고려 하에 연구할 수밖에 없는, 이 분리되어 나타나는 입자들은 도대체 무엇인가? 물리학자들이 하는 일은 양자의 거친 배경에서, 입자가 스핀을 가지는지 측정하는 일이다. 입자들이 스핀을 가진다고 보면, 그들은 그 입자가 다른 곳에 다시 나타나는 속도를 통해 그 질량을 산출해 낼 수 있다. 문제를 더 복잡하게 하는 것은 하나의 입자에 주의를 모으는 것이다. 그들이 이 하나의 입자를 보고, 이 하나의 입자를 보는 순간 그들은 이것의 다른 하나를 놓쳐버린다. 물리학자들은 수학적으로 기억하여, 양자 장에서 그 입자의 질량과 속도를 구할 수 있다.

선형 물리학자들은 시간, 거리, 공간의 개념으로 원자 구조 붕괴의 속성을 연구하고, 핵 물리학자들은 원자 구조의 핵 활동을 연구한다. 그리고 아원자 물리학자, 양자 물리학자들은 원자 구조 밖의 입자들을 연구하고 있다. 천체 물리학자들은 우주의 큰 몸통과 그 잠재적 움직임에 대해 연구하고 있을 것이다. 달리 말해 천체 물리학자들은 은하수와 은하수 내의 성군星群, 그리고 그 운동과 중력장, 또한 그것이 주변의 다른 별들에게 어떤 영향을 미치는지를 연구하고 있을 것이란 말이다. 천체 물리학자와 양자 물리학자 사이에는 둘 다 입자를 연구한다는 공통점이 있다. 하나가 다른 하나보다 어쩌다 좀 많이 크기는 하지만.

봄은 그 무언가를 이해했다, 그의 구루와 함께. 그의 구루는 이것이 아카식 레코드라고 말했다. 당신들 모두 어느 정도는 무지한 구루와 무지한 이해의 영향 아래에 놓여 있는데, 그 무지한 이해가 아카식 레코드를 읽을 수 있다고 생각하는 것이다. 산스크리트어 표현에서 온 고대 힌디어인 아카식은 공간을 뜻한다. 데이비드 봄이 감춰진/드러난 질서를 보았을 때, 그는 공간을 보았다. 구루는 "맞네. 하지만 자네가 보는 것은 우리가 아카식이라고 부르는 에테르일세"라고 말했다. 데이비드는 이 점에서 그의 구루와 의견이 달랐다. 데이비드 봄은 말했다. "이것이 아카식 레코드라면 저는 거리, 질량은 물론 성분도 속도도 측정 불가능한, 반짝거리며 나타났다 사라지는 이 가상의 입자들의 카르마를 설명하는 데 내 남은 평생을 바쳐야 할 겁니다." 구루가 이 말에 뭐라고 대답했을 것 같은가? 구루의 대답은, "나를 믿어라"였다.

데이비드 봄은 그런 구루에도 불구하고 잘 해나갔지만, 그의 명성은 손상을 입었다. 봄의 진정으로 훌륭한 마음과 편향된 미신으로부터 살아남은 유일한 것은, 자신의 이론적이고 수학적인 마인드로 밖에 이해할 수 없었던 이 영역을, 이 현실에 영향을 미치는 여기에 있던 입자들이라는 측면에서, 그리고 카르마와 아카식 레코드의 관점으로 이해하려고 애썼다는 사실뿐이었다. 결국 그는 이런 형태로 나타난 적이 없는 입자들이 존재한다고 결론내렸다. 순간적으로 나타났다 사라져 버려 봄이 나중에 가상의 입자라고 명명한 그 입자들은 결코 일정하고 지속적인 것이 아니었다.

봄은 포착하기 어려운 가상의 입자를 빛과 물질의 틀 안에서 하나의 지속적인 입자 상태로 만들기 위해, 관찰자가 포커스할 때 입자가 무엇을 하는지 그리고 이 지속적인 입자 상태가 구조적으로 가능하게 되었을 때 관찰자가 어디에 있었는지 이해하는 게 평생의 소원이었다. 데이비드 봄은 말년에 그의 구루와 헤어졌다. 구루의 지식 수준으로는 그 미세한 것들의 변화를 전혀 이해할 수 없었기 때문이었다. 구루는 그것을 아카식 레코드의 정보로밖에 받아들이지 않았다. "좋아. 그게 진실일 지도 모르지. 그러면 펼쳐진 장을 구성하는 입자의 속성은 뭔가? 내게 말해 주게. 내가 그것들이 모든 생명의 아카식 레코드라고 결론짓는다면, 그 때 자네가 모스 부호처럼 이 입자들의 점과 선으로 나를 읽어 보게"

결국 데이비드 봄은 무한한 생명으로서의 입자를 이해하지 못할 만큼 뻔뻔스러우리만치 무지한 구루의 통제에 의해 오도된 탓에, 물리학자로서 쌓은 명성을 잃고 말았다. 그리하여 봄은 입자들이 생명이라는 사실을 이해하지 못한 채, 오늘날 우리가 가진 아주 크고 육중한 육체를 그런 측면에서 구성할, 우리가 빛[3] 이라 부르는 다리 위의 감춰진 질서와 드러난 질서를 우리에게 남겼다.

총체적인 물체는 원자 구조와 원자로 이루어지는데, 이 때 원자는 반드시 같은 원자는 아니다. 즉 나무 한 조각을 구성하는 원자들은 그 속에 화학적으로 다양한 단계의 원자들의 종합 자료실이다. 예를 들면, 나무 한 조각을 보고는 "어, 이건 섬유질 한 조각이군" 이라고 말할 사람은 아무도 없다. 만약 우리가 분자 단위의 성분까지 섬유질을 분석해 들어가면, 우리는 거기서 원자 크기의 나무 비슷한 뭔가는 없고, 원자 크기의 나무는 우리에게 나무라는 환영을 주는 많은 원자들로 이루어져 있음을 발견할 것이다. 나무를 구성하는 화학적 성분—수액, 응고물, 탄소의 농도, H_2O의 농도—을 그 나무 조각에서 하나라도 제거해 버리고 나면, 그것은 더 이상 나무 조각일 수 없다. 그러므로 나무는 하나의 원자가 아니며, 나무를 통해 흐르는 수액 역시 나무가 아니다. 그것은 화학 물질이다.

천국이 피라미드[4]처럼 생겼을 거라고 당신은 생각한다. 하지만 피라미드는 의식과 에너지, 시간의 다른 차원들levels을 이해하고, 양자 입자의 속성을 더 세련된 마인드로 이해할 수 있도록 제시한 하나의 모델이다. 모든 입자들은 살아 있다. 먼지 폭풍 속의 먼지는 단순한 먼지가 아니다. 그것들은 살아 있다. 그것들은 인식 가능한 존재들이다. 그렇다는 것을 상상하기 힘들 것이다.

---

3   람타의 현실 모델에서 3차원 혹은 가시광선 차원을 뜻함.
4   람타 현실 모델의 삼각 기둥triad. 그림 해설의 그림B를 참조하라.

[그림 1] 람타의 현실 모델과 양자 입자들

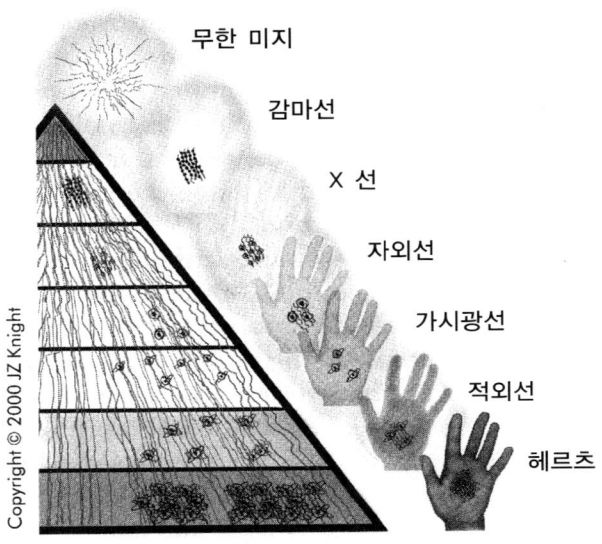

당신이 이 거대하고 무거운 세계를 작은 세계로 축소시키려 할 때, 어떻게 생명은 당신이 시간으로 측정 가능한 그것 안에서 그 본래의 형상을 가지고 그 곳에서 삶을 유지할 수 있는지가 하나의 역설로 부상한다. 그 왕국이 이렇게 크다고만 생각한다면, 그 왕국 내에서 그 곳이 확장하는 것이 어떻게 가능할 수 있겠는가? 거기에 당신의 무지가 있다.

이러한 생명을 창조함에 있어, 당신은 한 번도 끝을 창조하지 않았다. 신의 마음에는 끝을 뜻하는 그 같은 건 존재하지 않고, 또한 합일한 마음에 쏟는 신의 위대한 노력이 창조된 모든 것들에 생명의 숨결을 불어 넣었기 때문이다. 이 왕국에서는 그 무엇도 죽지 않는다. 오히려 생명체로서 모든 것들은 진화해 왔다. 모든 것이 진화하고 있다. 이는 변화하고 있고, 모든 것은 정확하고 완벽하게 그것을 하고 있다는 것을 뜻한다. 그러므로 그 곳에는 죽음이 없다. 하지만 당신은 "알았어요. 근데 그것들은 서로 잡아 먹는데요?"라고 말할 것이다. 아니, 그것들은 서로 잡아 먹지 않아도 된다. 음식이라는 아이디어는 아이디어가 아니었다. 미래 어느 시점에서 그렇게 될 수도 있겠는데, 음식 섭취는 그 육체가 생명을 유지하는 것과는 아무 상관이 없다. 그것은 오히려 하나의 전기장의 소비였고, 공교롭게도 그것은 그들의 대기大氣였다.

신이 아닌 것은 무엇인가? 위대한 창조주, 위대한 정원사인 신이 꽃과 과일과 열매, 동물들이 있는 들판을 떠난다면 신에게 돌아가는 것은 무엇인가? 신의 마음이다. 이러한 창조는 생명의 선물이고, 마음이라 불리는 생명의 활동은 신에게 돌아가는 것이다. 신이 아닌 것은 무엇인가? 누가 신이 아닌가? 먹을 수 있는 생명체, 그 어떤 것이 신에게 돌아가지 않겠는가? 어떻게 우리는, 마치 내일이 없는 것처럼 살고 혹은 주변 사람들을 괴롭히고 벌주면서, 목숨을 끝장내겠다고 협박하며 궁극의 고통을 주는 그런 끔찍한 인간이 살고 있다고 감히 추측할 수 있단 말인가? 삶을 위한 그런 투쟁 속에 살아가는 당신이, 어떻게 당신의 마음이 신에게로 되돌아가고 있다는 것, 그리고 보이드Void 물질적으로 아무것도 존재하지 않는 광대한 무無로 돌아가지 않는다는 것을 철저하게 이해할 수 있겠는가? 그것은 불가능하다. 신이 창조한 그것, 신이 합일한 상태로 생명을 부여한 그것은 신에 속한다. 그리고 어떻게 우리는 신의 다음 안에서 춤을 출까? 신의 눈 속에 있는 반짝거림처럼 제각각 사랑스럽고 아름답게 우리는 신의 마음 안에서 춤을 춘다. 신이 그것에 생명의 숨결을 남기고 떠날 때, 우리는 신을 소비하기 때문이다. 먹을 수 있는 박테리아 형태의 물질조차도 신이며, 생기를 불어넣기 위해 무엇인가에게 섭취되는 것이다. 그것이 박테리아의 목적이었다. 그럼 그에 대한 보상은 무엇인가? 그들이 항상 산다는 것, 그것이 보상이다.

무엇이 아원자 입자들에게 괴상하고 역동적인 속성을 주는가?

양자 물리학 연구에서 모든 입자들의 기원이 되는 입자가 있을까? 아니면 그 입자들 모두가 각기 고유하며 서로 다 다른가? 그 입자들—중성미자부터 전자, 양전자, 쿼크, 중력 양자까지—은 살아 있는가? 왜 당신은 그것들에 대한 것을 읽으면서 마치 살아 있지 않는 것처럼 대하는가? 양성자는 살아 있는가? 알파 입자는? 물론, 그것들은 살아 있다.

바늘 머리에 천사가 얼마나 많이 있는지에 대한 교회 내부의 주된 논점이 무엇인가? 천사들이 다른 영역에서 왔다면 그 천사들은 여기 이 영역에서는 공간을 차지할 수 없다. 그런데 그 천사들이 공간을 차지한다면 어떨까? 바늘 머리에 천사가 얼마나 있고, 또 무엇을 그들은 천사라고 단정지은 것일까? 바늘 머리에 얼마나 많은 원자가 존재하는지 당신은 아는가? 그럼 천사와 원자가 다른 것이 무엇인가? 다른 건 없다.

당신들 중 많은 이가 입자가 생명이라는 사실을 감정적으로 받아들이고 싶어하지 않는다. 그럼에도 불구하고 나는 당신이 어디에 이끌렸는지 말해 주겠다. 당신은 자신의 타고난 능력을 믿지 못하고, 또 자신이 기대하는 즉각적인 기쁨이 아니기 때문에, 그 능력을 쓰지 않으려 한다. 그렇긴 해도, 당신들 중 많은 이는 그 능력에 계속 주의를 집중할 것이고, 또 양자 물리학에 관해 읽으며 양자 환경에서 입자들에게 괴상하고 역동적이고 개별적인 속성을 주는 것이 무엇인지를 아마 이해할 것이다. 입자들은 그들이 선택하는 어떤 장소나 어떤 시간에 있을 수 있으므로, 수학적 접근으로 그들이 어디로 갈 것

평행 현실: 양자장의 요동

인지를 측정하는 것은 고려해 볼 가치가 없는 문제이다. 누가 이 입자들에게 접어라 펼쳐라라고 하는가? 접어라 펼쳐라라고 하는 이는 입자들이다. 왜냐하면 그들은 지적 생명체이기 때문이다.

하나의 중력 양자는 아원자 입자로만 존재하는가, 아니면 실제로 1차원 the first plane의 기원까지 죽 거슬러 올라갈 수 있는가? 중력 양자가 뭔가? 뉴턴의 중력? 중력 양자의 속성은 의도와 중력 양자에게 생명을 준 신의 합일된 경험에 의해 붕괴되는, 하나의 에너지이므로 중력 양자는 다차원적인multiplane 입자이다. 신의 마음에 있는 의도는, 거칠고 어떤 다른 입자들을 가지고 규명하기 힘든 하나의 입자에 반영되어 나타난다. 그것들이 중력 양자이고, 그것들은 다차원화dimensionalize 그리고 에너지화되어 있다. 그리하여 중력 양자가 이러한 모든 장과 7가지 차원plane의 의식 안에서 정확한 속성으로 존재할 수 있다. 그 말은, 중력 양자는 신의 의도와 신의 생명을 그 안에 함께 간직하는 끈끈이라는 의미이다. 그것은 존속시켜야 하는 신의 의도이며, 또한 우리는 신을 이러한 한정된 입자들로 쪼개어 그것들에게 정당성을 부여할 수 있다. 당신이 알고 있는 가장 큰 구체, 중력장에서 회전하고 있는 지구의 중력은 무엇인가? 우리는 중력이 유지되어야 하는 생명의 의도라는 것을 안다. 우리는 중력을 단순히 회전하고 있는 전자기 장으로 보는가? 아니면 그것은 의도를 가진 생명체인가? 당신이 진정으로 깨달은 학생이라면, 지금 이 순간 어떤 거대한 인식realizations을 갖기 시작할 것이다.

우리의 양자 상태, 그 특징

"아, 우리는 꿈의 재료들이니"⁵ 셰익스피어가 한 말이다. 나는 우리가 궁극의 드리머가 꾸는 꿈 속에서 꿈을 꾸는 존재라고 말하겠다. 그러면 우리는 왜 이것을 언급하나, 진정 왜 이러한 지식을, 꿈을 이루는 재료로 언급하는가? 당신들은 왜 위대한 드리머와 함께 꿈을 꾸는 생명의 존재들로 표현되는가? 의식과 에너지-신과 2차 의식-에서 2차 의식과 2차 의식이 깃든 모든 곳이 꿈꾸는 존재이기 때문이다. 이 꿈꾸는 존재는 꿈으로 만들어진 다음, 꿈을 창조하는 능력을 가진다. 꿈꾸는 존재가 꿈을 창조하는 내내, 위대한 드리머인 신은 스스로를 알고, 스스로를 꿈꾸고, 스스로를 장악한다. 이는 아름다운 표현이다. 왜냐하면 우리가 놀라운 과학의 입자들을 이런 측면에서 연구하면, 우리는 이동하지 않지만 요동fluctuation치는, 변화하는 입자 세계의 특

---

5 "연회는 이제 끝났다. 우리가 본 배우들은
이미 말한 것처럼, 모두 영들이었다. 그리고
영들은 공기 속으로, 엷은 공기 속으로 녹아 들었다.
시야에 담긴 여기 이 모습, 그 바탕 없는 구조물처럼,
구름에 휩싸인 탑도, 호화 찬란한 궁전도,
장엄한 사원도, 거대한 지구 자체도
그렇다. 계승된 것들은 전부 사라질 것이다.
이 허망한 가면극의 빛 바랜 변화무쌍함처럼
떠난 뒤에 구름 한 조각 남기지 않는다. 우리들은 재료들이다.
꿈을 만드는 데 쓰이는, 또한 우리의 보잘것없는 삶은
잠으로 완성된다."

윌리엄 셰익스피어 作 "폭풍우-The Tempest" 4막 1장 147-158

성을 관심 있게 들여다보기 시작할 것이기 때문이다. 양자 장에는 이동이 없다. 시간이 존재하지 않기 때문이다. 그 세계에 우리가 있다. 이것은 장場field이다. 그 작은 장에 있는 것이 바로 이 더 큰 그림을 떠받치고 있는 것이다. 이 장에서 관찰자는 오다가다 하건, 늘 하건, 확실히 하건, 아무튼 포커스를 하고, 생각을 하고, 고찰을 하고, 반응을 하고 있다. 관찰자는 바로 당신인 그 꿈꾸는 마음의 총체적인 지원 하에 사라졌다 다시 나타나는 이 장을 만들어낸다.

이미 했던 말이지만, 플라톤도 소리 높여 외쳤던 그 참신한 구절을 지금 다시 말해보자. "모든 물질은 살아 있다." 플라톤은 "이 세계는 살아 있다. 우주는 살아 있다"[6] 라고 말했다. 그는 정확했다. 당신은 사물事物object의 삶을 사는 것이 아니다. 당신은 사물의 세계에 사는 것도 아니다. 당신은 당신의 생生을 살고 있다. 이 사물들은 전부 경험이라 일컬어진다. 당신은 경험과 살아가는 중이지 사물과 살아가는 것이 아니다. 게다가 공간 그 자체인 우주나 경험 세계를 말하는 세상은 웅장한 은하나 죽어가는 태양, 다시 태어나는 태양들이 아니라, 그것은 모두 경험이다. 그러니 사물이나 물건이라 하지 말고 경험이라고 하라.

당신은 사물―사람, 장소, 사물, 시간, 사건―의 개념 안에서 생각한다. 그래서 당신은 당신이 사용할 수 있었던 사물 외에는 어떤 것도 볼 수 없었을 것이다. 왜냐하면 그 자체를 독특하고 개별적인 사물이 되도록 그룹

---

6 "…그것들 중 어느 것도, 물과 불 등등, 우리가 지금 사용하고 있는 그것들의 명칭에 합당한 것은 하나도 없다. 이런 모든 것들, 아니 그보다 신이 처음 주문한 것, 필멸이든 불멸이든 모든 살아 있는 것들 그 자체 속에 있는 살아 있는 한 가지 것, 그 때 그것들로 신이 이 우주 건설을 진행했다."
플라톤 作 '티마이오스Timaeus' (Cambridge: Hackett Publishing Company, 1997), 페이지 1270

평행 현실: 양자장의 요동

화하여 생명을 부여하는 그 원자들, 바로 그 원자들로 구성된 바로 그 물질을 당신은 볼 수조차 없기 때문이다. 당신은 그것들이 그저 압축과 압력, 기압 같은 걸 가지고 어떤 식으로든 함께 존속되는 먼지 같은 것들이라 생각한다. 그리고 당신은 모든 사물이 본질적으로 생명이 없다고, 정녕코 살아 있지 않다고 생각한다. 당신이 그 생각의 맥을 계속 이어간다면, 양자 장이라는 역동적인 장과 의식적으로 상호작용하는 것이 당신에게는 불가능한 일이 될 것이다. 당신이 그것에 영향을 주고 그것을 변화시킬 수 없다는 말이다. 왜냐하면 그 장에서 사물과 그 모든 것은 경험이기 때문이다. 또한 그 사물들은 우리가 공부했던 그 합일된 의식과 에너지로 만들어진 것들로 이루어져 있기 때문이다.

잠시 합일이라는 개념에 대해 다시 알아보자. 합일된 의식은, 제로 포인트Point Zero 즉 1차 의식이 사물이 되는, 그 합일된 경험 안에서 아이디어에 의식을 부여하는 것을 목적으로 한다. 의식이 부여되어 그것이 생명의 숨결을 지니면, 이는 그것 안에 의식이 담겨 있다는 의미가 된다. 그리고 그 경험은 곧장 그것만의 독특한 마음으로 발전하게 될 것이다. 우리가 그러한 개념 안에서 생각을 하면 7차원plane에 있는 공 하나가, 양자 장의 달 너머 별처럼 가상의 입자가 반짝거리며 나타나듯, 나타나기 시작할 지도 모른다. 이러한 단순한 사물이 신의 합일된 경험에서 창조되었고 현재 신의 합일된 경험이라면, 지금 저렇게 떨어지는 하얀 눈발을 이루는 모든 것이 제로 포인트를 향해 더욱 깊숙이 다가가면 하나의 단순한 전자가 아니라는 말이 된다. 그것은 하나의 단순한 중성자, 쿼크, 페르미온 혹은 보손이 아닐 것이다. 당신이 이야기하는 그런 헛된 입자가 아니다. 사실, 당신이 이 역동적인 장을 볼 수 있고, 이러한 차원들levels 전부를 꼼꼼히 살펴볼 수도 있고, 또 이 장의 역동적인 아름다움을 진정 당신이 볼 수 있다면, 당신은 모든 입자들이 의식이고, 그것들이 마음을 지니고 있다는 것을 이해할 것이다. 모든 입자들은 경험되어 왔다. 그러므로, 모든 입자들은 경험이다.

당신이 페르미온이나 보손의 속성을 공부하다 보면, 그 이름이 그것들을 처음 발견한 과학자와 관련된 것임을 알게 될 것이다. 페르미온이나 보손은 그것들을 발견한 과학자의 이름으로 불리고 있다. 이름은 그렇게 불리지만 실상 그 입자들은 살아 있다. 그 입자들은 살아 있을 뿐만 아니라, 그들은 신의 마음에 필적하는 어떤 상태에서도 존재할 수 있는 다양하고 무한한 능력을 가지고 있다. 그래서 우리는 신의 마음이 얼마나 광대한가를 이제 안다. 심지어 당신이 그 입자들을 공부하는 동안, 당신은 그 입자들과 상호작용까지 하고 있었다. 당신은, 당신이 그 입자들에 대해 이러쿵 저러쿵 말했을 때, 그 입자들이 그것을 몰랐을 거라 생각하나?

모든 입자들은 그렇게 입자 그룹을 형성한다. 결코 무작위가 아닌 당신의 마음을 정확하게 따른 형태로. 양자 장은 정말 마음과 밀착하여 뗄래야 뗄 수 없이 결합되어 있고, 마음의 작동은 관찰자가 한다. 양자 장이 마음과 그렇게 철저히 결합되어 있다고 한다면, 도대체 어떤 차원의 마음이 당신 특유의 양자 상태quantum state와 정렬하는가? 가장 먼저 짚고 넘어가야 하는 것은, 양자들을 한 데 모으는 일을 하는 것이 신―당신―이라는 점이다. 생각해봐라. 당신이 무엇을 하건 어쨌거나 그것은 생각을 끌어오고 반응을 일으킨다. 당신의 양자 상태는 즉각적으로 당신에게 맞춰 정합하고 조정한다. 당신이 보는 모든 것은 당신 현실reality의 사물들이다. 모든 것은 당신이 생각하고 있는 것의 양자 설계에 맞춰져 있다. 이 양자 상태는 당신에게 속해 있다.

평행 현실: 양자장의 요동

당신이 여기 이 차원level에서 배우고 있는 것은 당신의 몸이 아니다. 당신의 감정이 아니다. 당신 생에 아직 없는 것도 아니다, 오늘 당신이 입고 있는 것도, 당신 모습이 어떻게 보이는가도 아니다. 바로 당신 마음의 본질을 배우고 있는 것이다. 우리는 당신 마음과 그 본질을 충족시키고, 그것에 포커스하기 위해 모든 것을 따로 떼어놓았다. 우리는 이제 두뇌가 어떻게 우리 삶으로 양자 장을 처리하는지, 당신 마음이 어떻게 물질과 상호작용할 수 있는지를 이해하게 될 것이다. 하여 이 가르침은 신의 영광에 대한 가르침이고, 관찰자에 대한 가르침이며, 또한 신의 마음에 대한 가르침이다.

당신은 스스로 하강을 행하였고 이 곳에 펼쳐졌다.[7] 당신 마음은 이러한 7가지 차원level과 연결되어 있지만, 하나의 새로운 몸, 다른 마음의 진행, 다른 양자 상태들, 다른 의식과 독특하게 연결되어 있다. 즉 다음 차원level은 새로운 몸, 새로운 마음, 새로운 입자들, 새로운 양자 장을 갖게 되며, 그것은 다른 차원level의 것과 확연히 구분된다.

지금 당신은 물질적 차원plane인 이 곳에 내려와 있다. 그렇다면 여기 이 너무나도 느리고 커다란 현실로 하강했던 혹은 펼쳐질 수 있었던 그것은 무엇이었는가? 당신의 몸이었나? 감정이었나? 아니면 당신 머리카락 색깔이었나? 모든 영역, 모든 몸들, 그리고 모든 다른 의식 차원level을 통과하며 떠돌이처럼 살아남은 것은 도대체 무엇이란 말인가? 그것은 마음이다.

---

7   의식과 에너지의 7가지 차원을 통해 제로 포인트Point Zero로부터 물리적 물질에 이르는 하강involution의 여정을 의미함.

개별적인 탐험, 꿈을 꾸고, 미지의 것을 깨닫는 개별적인 모험을 하기 위해, 꾸준히 하강하여 여기 이 차원plane에 마침내 펼쳐진 당신에게 이 지속적인 하강이 계속될 거라는 것이, 당신에게는 논리적으로 들리지 않는가? 또한 여기 이 의식의 흐름—여기 이 에너지의 흐름, 여기 이 시간, 여기 이 거리, 여기 이 공간—에서 현재 작동하는 당신 마음뿐만 아니라, 그 마음이 살아 남았고, 마음의 바로 그 요소가 되었고, 그리고 살아 있는 상태가 되는 합일된 현실을 여기 이 의식 속에 창조하고 그 현실이 돌아가도록 그 육체와 그 환생을 막 시작한 신성한 과정 역시 하강의 지속이지 않을까? 그렇지 않으면 어떻게 당신은 당신이 막 태어난 새로운 혼이라고 말할 수 있는가? 터무니 없는 소리다. 누가 당신을 새것이다 오래된 것이다 말할 수 있겠는가? 그렇게 말하는 자야말로 생生의 과정과 하느님의 왕국을 전혀 모르는 자이다.

우리는 이런 모든 영역과 차원plane 속에서 개별적인 특징을 가지고 펼쳐졌다. 그리고 그 개별적 특징은 우리의 마음이다. 우리는 우리가 곧 배우게 될 그것에 대한 수용 능력을 지니고 왔다. 내가 지금껏 이야기하는 것은 당신이 갖고 있는 사고하는 두뇌에 대한 것이 아니다. 내가 지금껏 이야기하는 것은 당신의 그 두뇌 속에 저장해왔던 기억에 대한 것이 아니다. 나는 지금 언제나 당신일, 1차 의식과 2차 의식—하강하는 것은 2차 의식이다—의 하강하는 마음descending mind에 대해 이야기하는 것이다. 당신이 어떤 몸에 들어가 있건, 당신이 죽어 적외선 차원plane에 묶여 헤맬지라도,[8] 당신은 항상 당신이다. 신은 절대로 당신을 놓치지 않으며, 또한 당신은 절대로 파괴될 수 없다. 자, 그러면 하강하는 마음을 이루고 구성하는 것이 무엇인가? 그것은 신, 2차

---

8 람타의 현실 모델에서 의식과 에너지의 2차원 혹은 적외선 차원.

평행 현실: 양자장의 요동

의식, 각 차원level에서 이룬 생의 업적, 현재 주어진 생에서 흐르는 각기 다른 의식의 흐름이다. 확장을 일으키면서 하강하는 존재의 마음으로 인해 생은 중단 없이 지속된다.

그렇다면 우리는 마음을 어떻게 생각하는가? 현재 우리가 생각하고 있는 것을 우리는 마음이라고 보는가? 그것은 마음이 아니다. 우리는 현재 우리가 어떻게 보고 있는가를 마음이라 여기는가? 그것이 마음인가? 마음은 양자 장처럼 눈에 보이지 않지만, 양자 장을 덩어리로 바꾸는 그것이 마음이다. 당신 마음은 하나의 양자 장, 그리고 당신, 당신 몸, 당신 두뇌라는 하나의 양자 상태를 마련했다. 그 양자 장과 양자 상태는 페르미온fermion과 보손boson이라는 신비한 것들을 창조한 양자 장 속에서 함께 유지되고 있다. 당신은 마음이라는 손에 잡히지 않는 그것으로 인하여, 커다란 하나의 사물로서 지속적으로 유지되고 있다. 더욱이 당신의 커다란 몸, 당신의 커다란 사물들, 당신의 삶은, 사람, 장소, 사물, 시간, 사건을 통해 현재 하고 있는 경험인 그 사물들과 같은 것이다. 당신은 그것을 창조했고, 그것을 경험했기 때문에, 당신 생의 측면에서 봤을 때 그 사물들은 당신의 삶이다. 그리고 그 업적과 성취들이 바로 마음이다.

하나의 양자 장 속에서의 하나의 양자 요동이라 부르는, 그것 속에서 요동치는 그것이 마음이다. 즉 그것은 하나의 양자 상태에서 다른 양자 상태로의 시프트shift를 의미한다. 그러므로 마음은 양자 장들이고, 양자 입자들이고, 당신에게 속한 삶이고, 경험이다. 당신은 지혜의 입자들을 밖으로 끌어내, 새로운 현실들을 만들어가고 있는 것이다. 당신이 아주 작디 작은 미세한 것들이었던 때 사용했던 것과 똑같은 입자들을, 당신 삶에서 아주 커다란 것들을 만들기 위해 지금도 사용하고 있다.

여기 이 곳으로 내려오는 당신의 여정에서 이러한 장 내의 모든 양자 입자들은, 하강하면서 했던 당신의 경험들이다. 당신은 하강하여 여기에 도달하였다. 당신이 존재하는 여기 이 플랫폼을, 생을, 현실을, 창조하지 않고 당신이 이 곳에 도달했다고 우리가 생각할까? 당신은 그저 당신이 제로 포인트에서 콸콸 솟아 나와 여기 이 곳까지 흘러내려왔다고 생각하나? 이런 모든 입자들과 우리 사이에 이루어지는 철저하고 고유한 상호작용을 모르면, 그러면 대체 무슨 수로 우리가 양자 물리학과 양자 장을 이해할 수 있겠는가? 그렇지 않으면 하나의 입자 장을 관찰하는 것이 왜 그렇게 어려운지 누가 설명할 수 있겠는가? 입자가 하나 나타나고 사라지는 동안의 속도를 측정하려고 시도한 자가 있나? 그리고 또 누가 입자들이 나타났다가 사라지고 다시 나타났던 곳이 어떤 속도로 바뀌는지, 측정하려고 해 봤는가? 그렇게 되지가 않는다.

이러한 입자들을 연구하는 과학자들은 그것에 얼마나 근접해 들어갔는가? 사실 그들은 그들 자신의 경험을 연구하고 있는 것이고, 그들과 그들이 연구하는 입자들은 본질적으로 결합되어 있다. 당신들 모두가 우리가 양자 상태라 부르는 그것을 창조했고, 그 양자 상태는 정확히 데이비드 봄의 감춰진 질서와 드러난 질서가 있는 그 곳이다. 당신들 모두가 하나의 특정한 양자 상태를 가지고 있다. 그것은 당신의 특징signature이다. 당신 상태의 창조자는 누구인가? 당신이다. 왜냐하면 이 어마어마하게 광대하고 무한한 의식 속에 있는 당신의 아주 커다란 몸은 모두 그런 입자들에서 나왔고, 모두 그런 입자들에 의해 컨트롤되기 때문이다. 크든 작든 존재하는 모든 것에는 생명이 있다.

하나의 통과 의례로, 이러한 차원들levels 전부 하나하나에서 만나고 창조했던 마음은 여기 이 곳에 펼쳐지기에 이르렀다. 우리가 그 장을 엄밀하게 딱

한 쪽 측면으로만 바라보면 −그렇게 하면 그 장은 그 시점에서 볼 수 있는 그림과 개성이 부여되기 때문이다− 당신 장은 다음과 같이 보일 것이다.[9]

[그림 2] 우리의 양자 상태, 그 특징

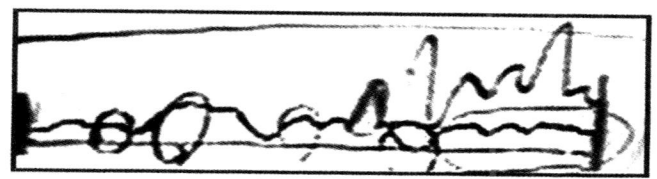

양자 장은 여기 보이는 모든 경사들과 골 하나하나로 이루어진다. 그리고 양자 장 상上에 드러나는 이 전체적인 그림, 여기에 보이는 높이나 깊이 그리고 골의 모양은 덩어리로 바뀌는 입자들의 공식적인 표기이다. 이것이 당신 몸이 만들어지는 패턴이 되고, 앞으로 만들어질 DNA의 패턴이 된다. 또한 이것이, 당신 두뇌가 어떻게 생각할 건가와, 당신 삶에 있는 모든 것들, 즉 당신 움막을 지었던 나무토막들, 자동차, 자동차에 넣는 기름, 당신 몸에 걸친 옷들, 이 모든 것들과 함께 두뇌가 어떻게 현실을 구축할 건가에 대한 −그 몸 속에 존재하는− 잠재적 가능성이다. 그런 모든 사물들은 모든 것, 당신이 당신 삶이라 부르는 모든 모래 알갱이 한 알까지, 이 특정 양자 상태를 따라야 한다.

이 그림이 썩 많은 것을 보여주지는 않는다. 하기야 당신은 양자 장 역시 보지 못했다. 그래 이건 하나의 예시일 뿐이다. 나선과 패인 골짜기, 그리고 죽 늘어진 평평한 언덕 모양으로 단순하면서도 모호하게 그려지기는 했지만,

---

9 〈그림2: 우리의 양자 상태, 그 특징〉을 보라.

이것은 관찰자의 마음 상태에 따라 드러나는, 하나의 양자 상태를 정확하게 보여주는 것이다.

이것이 왜 그렇게 중요할까? 왜냐하면 이것은 혼에 의해 입력되는 양자 상태이기 때문이다. 혼이 이 상태에 정보를 입력한다. 태어나면서 어린 시절을 거쳐 죽음에 이르기까지, 이 상태는 하나의 펼쳐진 상태이다. 왜 거기에 입력되는가? 정해진 숙명인가, 만약 그렇다면 논쟁의 대상으로 떠오를 여지가 있는 자유의지는 어디에 있나? 만약 그들이 가장 믿고 유념해 마지않는 물질에 관한 과학을 이해하지 못했고, 그들이 그 이야기의 뒷부분을 몰랐다면, 소위 말하는 논쟁이라는 것만이 유일하게 상정 가능할 것이다.

이 상태는 미시微視 세계에서 당신과 당신 DNA의 에너지를 만든 패턴pattern을 의미한다. 모든 세포는 이 양자 상태를 유지하고, 모든 세포는 이 양자 상태이다. 우리는 밖으로 드러난 어떤 것으로도 이 상태를 볼 수 없다. 우리는 그렇게 할 수 없다. 초록의 관을 통해 꽃을 밀어내는 꽃자루의 꽃대처럼, 우리는 이 상태를 우리 자신으로 포섭包攝해야 한다. 이것이 우리다. 나는 하나의 상태를 가지고 있다. 당신은 하나의 상태를 가지고 있다. 그럼 왜 이것이 당신 운명의 패턴인가? 왜냐하면 하나의 몸을 가지려면 몸은 의도로 구성되어야 하는데, 몸을 만든 의도는 아직 하지 못한 것을 끝내고 창조의 원동력인 미지의 것을 깨닫기 위해 경험하는 것이기 때문이다. 더욱이 당신 마음, 당신의 영, 당신의 혼, 당신의 2차 의식은 이제 이 길고 두터운 의식의 흐름에 함께 할 이 패턴에서 나왔고, 이 패턴을 따르고 있다.

잠시 앞의 이야기로 돌아가 보자. 당신 주변에 보이는 커다란 물건들 전부가 살아 있다. 그런데 당신들은 혹시 이 물건들이 어마어마한 빅뱅에서 아무런 흠 하나 없이 툭 튀어나온 거라고 생각한 건 아닌가? 냉장고들이 아직 우주 공간 어딘가에서 둥둥 떠다니고 있을 것 같은가? 그렇지 않다. 그것은 응고된 물질이다. 당신 주변에 있는 모든 커다란 물체는 실제로 물질로 구성되어 있고, 모든 물질은 원자로 구성되어 있고, 모든 원자는 원자 내부의 양자 장에서 만들어진 것이다. 큰 것에서 작은 것으로 가는 데 연결이 끊어지나? 작은 것을 만드는 것이 큰 것인가?

당신들에게 질문 하나 하겠다. 당신은 아직도 큰 것은 큰 것이고 작은 것은 작은 것이라고 믿고 있나? 아니면 그 둘이 하나의 상관관계라 보는가? 당신이 만약 아니라고 말한다면, 당신은 모든 큰 것들이 이 역동적인 장에서 나온 것을 정확하게 알고 있는 양자 물리학자들처럼 학문이 깊지도 깨달음이 있지도 않다는 말이다. 그들이 연구를 계속 하고 열정을 가지고 심취하는 이유가 바로 그 때문이다. 그들이 그것을 사랑하기 때문이다. 양자 물리학자들은 살아 있는 가장 위대한 신비주의자들이다.

말하자면 당신 현실에서 당신이 성장함에 따라 당신 몸, 당신 삶-사람, 장소, 사물, 시간, 사건-은 이 공식을 따라야만 하는 것처럼 보일지도 모른다.[10] 다시 말하면, 당신이 변화 없는 고정된 양자 상태에서 창조를 하고 있기 때문에, 밖에 있는 것이 무엇이든, 아래에 있는 것이 무엇이든, 옆에 있는 것이 무엇이든, 그 어떤 것도 당신이 현실을 창조하는 방법을 바꿀 수는 없다.

---

10 우리의 양자 상태 또는 특징.

Fireside Series, Volume 3, No. 3

양자 세계에는 시간이 존재하지 않는다

왜 이 상태가 당신이 이 생으로 태어났을 때와 같은 상태인지, 그리고 여전히 그 상태에 있는지 그것에 대해 이야기해보자. 당신이 시간 속에서 일을 하고 당신 몸이 변하고 있는 중이라면 −당신은 늙어가고 있고, 몸의 기관들은 닳아 해져 가는 중이다− 당신은 이렇게 말할 것이다. "마스터여, 그렇지만 나는 변했습니다. 내 몸도 변했습니다. 지금의 나는 여섯 살이었던 때의 내가 아닙니다. 열 다섯 살이었던 때의 나, 그것도 역시 아닙니다."

그러면 나는 이렇게 말할 것이다. "그래 당신은 그렇다. 당신이 당신 마음의 양자 상태를 완벽하게 따르고 있기 때문이다."

"빌어먹을."

"그렇다. 당신은 지금 이 나이에 여기 있기 때문이다. 실제로 당신 삶에 오기로 되어 있지 않은 어떤 것도 이 나이에 존재하지 않는다. 당신 운명은 이 전체 양자 장에 사는 것이고, 당신은 하나의 의미 있는 패턴을 따르고 있기 때문에, 당신에게 앞으로 일어날 일은 새로울 것도 다를 것도 없다."

태어나서 죽음에 이르기까지, 이 상태가 우리 존재의 상태이고, 이 상태에 있지 않는 것은 결코 우리 삶에 들어올 수 없다. 이것을 하나의 상태라고 일컫는 이유는, 이것이 시간에 관한 것이 아니기 때문이다. 이 상태에는 시간이 존재하지 않는다. "나는 알파요, 오메가다"[11]라고 좋은 책성경을 빗댄 말이

---

11 "그리고 그는 나에게 말했다. 이루었도다. 나는 알파와 오메가요, 나는 처음과 마지막이라." 개정 표준역RSV 성경, 요한 계시록 21:6

평행 현실: 양자장의 요동

언급한 것처럼, 시작하는 곳에 끝이 있었다. 양자 세계에서는 이동하는 것이 없다. 만약 사물이 움직여 이동했다면 양자 세계에 시간이 존재한다는 말이 된다. 하지만 그 곳에는 시간이 없고, 움직여 이동하는 것도 없다. 거기서 이 그룹의 양자 입자들이 하는 것은 요동치는 것이고, 장의 위치를 바꾸는 것이다. 그 입자들은 사라진다. 그것들은 펼쳐지고 접히지만, 움직여 이동하지는 않는다. 양자 상태에는 시간이 존재하지 않는다. 하나의 상태라 불리는 이유가 이 때문이고, 양자 장에서 이 상태는 지속적이다. 당신이 살아왔고 살아가는 데 있는 모든 것을, 당신은 당신의 상태 안에 이미 다 가지고 있다. 시간이 존재하지 않아, 당신의 출생은 이미 다 알려져 있는 것이고 당신의 죽음도 마찬가지, 그래서 이를 하나의 상태라고 말한다.

하나의 양자 상태에서는 우리가 지금Now이라고 부르는 곳에 과거, 현재, 미래가 모두 동시에 존재한다. 과거, 현재, 미래는 영속하는 지금에 있고, 그 곳은 유일하며, 또한 그 곳은 신의 마음 속에 있다. 게다가 신의 마음이라는 것은 소위 당신의 개별적인 상태, 즉 양자 상태를 구성하는 것이다. 바꿔 말하면 이 상태가 2차 의식이다.

당신에 관한 모든 것은 이미 알려져 있다. 그러면 당신은 "아니, 나한테 일어나는 모든 일의 상태가 항상 그럴 거면, 성가시게 내가 뭐하러 굳이 배우는 거죠?" 라고 말할 것이다. 그 이유는, 모든 입자가 모든 차원level, 모든 잠재력, 모든 가능성 속에 동시에 존재하기 때문이다. 그럼 그 말은 내 상태를 양자 구성하는 입자와 똑같은 입자가 똑같은 상태가 될 수 있는데, 그것이 무한한 가능성의 상태들 속에 있단 말인가? 그렇다. 그러니 우리가 오로지 해야 할 일은 아마 이그림3에서 A보다 더 좋아 보이는 뭔가로 그림과 같이그림3에서 B

상태를 바꿔야 하는 것이 아닐까? 주목하라. 내가 이전의 상태 위에 또 다른 상태의 그림을 그렸다. 보다시피 이전의 상태는 여전히 그대로이다. 하지만 변하지 않았나?

[그림 3] 양자 요동

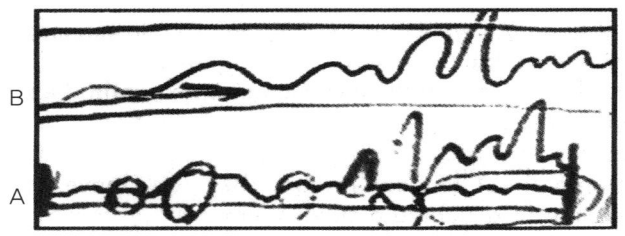

당신의 상태와 그것이 구성하고 있는 모든 것 —모든 지적 입자들의 모든 위치, 모든 그룹화의 모든 경험적 지성, 그리고 그룹화에 영향을 미치고 있는 의식— 은 언제나 당신 정원의 먼지에까지 침투해 들어간다. 이걸 단순히 "내 상태는 변했어. 이런 거야"라고 할 수는 없다. 변화가 지속적이고 일관되게 사람과 장소, 사물, 시간, 사건의 형태를 통해 드러나지 않는 한 양자 상태가 바뀌었다고 할 수는 없다.

당신 삶을 부여한 당신 양자 장의 고정된 상태가 —당신 삶 속에 구현될 수도 있고 구현될 수 없기도 하는 모든 것들의 패턴— 만약 바뀔 수 있다면, 이것이 정말로 하나의 상태 변경일까, 아니면 이미 존재하는 하나의 가능한 상태일까?

은하수를 작아 보이게 하는 오르트 성운星雲의 광대함, 모든 우주의 광대무변함에 있어서 가장 기본적인 화학적 작용은 이 양자 장의 파생물이라 할

평행 현실: 양자장의 요동

수 있다. 당신을 이루고 또한 당신 삶에 있는 것들의 기반이 되는, 그 입자들은 오르트 성운의 미행성微行星의 입자들과 동일한 입자들이다.

우리는 여기서 이질적인 입자들에 대해 이야기하는 것이 아니다. 기본 입자들에 대해 이야기하고 있다. 당신이 당신 삶을 조망함에 있어 하나의 통로가 되는 이 상태에 따라, 그런 기본적인 입자들은 정말로 붕괴되어 왔고, 모든 것은 그 상태를 확인해 준다. 그 입자와 똑같은 입자들은 그런 행성, 그런 대기, 그런 존재들, 그런 가스를 구성하는 오르트 성운의 미행성에도 존재한다. 그런 이질적인 곳들 역시 동일한 기본적인 입자들로 건설된다. 양자 상태를 따라 이런 입자들은 오르트 성운과 미행성에 펼쳐질 잠재적 가능성을 동시에 지닌다.

당신의 물질을 구성하는 그것기본적인 입자으로 만든 당신의 양자 상태와 원자 구조들로 봐서, 그러한 원자들의 모든 구조들과 또한 그러한 아원자 입자들도 역시 같은 순간에 오르트 성운에서 구현되는 것이 가능할까? 그렇다. 그것이 당신의 개별적인 상태, 당신 자신의 양자 상태라고, 나는 방금 당신들에게 말했었다. 바로 그렇다. 시간이 없는 양자 세계에서 우리가 시간의 상태로 양자 상태를 보려고 고집을 부린다면, 우리는 이러한 불규칙성과 불연속성만을 발견할 것이다. 양자 상태를 시간의 상태로 보려고 하면, 그것양자 상태이 불규칙적이고 불연속적이게 될 때이지만, 그것은 하나의 상태이다. 우리는 그것양자 상태이 시간에 관한 것이 아니기 때문에, 그것을 상태라고 부른다. 하나의 고정된 자리처럼 존재하는 그것을 하나의 상태라고 부른다. 상태는 변하고 있는 것이 아니다. 이 상태는 과거, 현재, 미래이며, 모두 같은 상태에 있다. 더군다나 그것은 양자 장에서 만들어진다. 신의 마음을 기억하나?

당신의 양자 상태들 모두 변하지 않는다. 그것들은 요동친다. 그리고 그것을 양자 요동이라 말한다.

이 상태는 당신인 하나의 상태, 당신이 존재하는 하나의 상태 안에서 물질과 커다란 사물을 구성하고 있다. 정말로 그 상태는 양자 장에도 깊숙이 관련되어 있다. 여하튼, 하나의 양자 요동이라는 것은 이 상태에서 변화가 있었다는 것이 아니라, 하나의 가능성으로서 이미 존재하는 하나의 상태가 지금 새로운 상태로 막 펼쳐졌음을 의미한다 하겠다. 감춰진 질서의 접힘과 펼쳐짐을 기억하나? 실상 그것은 지금 하나의 상태인 가능성으로 시프트한다는 점을 주시, 고려하지 않으면 똑같은 상태일 지도 모른다. 실상 그것은 지금 하나의 상태인 하나의 가능성으로 시프트했다는 것을 제외하고는 똑같은 상태일지도 모른다.

평행 현실과 양자 요동

우리가 평행 상태, 평행 현실parallel lifetime에 대해 이야기하고 있는 거라면 우리는 평행 경험의 가능성에 대해 이야기하고 있는 건지도 모른다. 우리는, 지속적인 양자 장 상태는 하나의 상태라는 것과, 그리고 그것이 과거나 현재, 미래를 상태로만 가공 처리한다는 것, 그래서 시간이 존재하지 않는다는 것을 배웠다.

양자 장의 평행 상태나 그림자 상태의 속성은, 변경되고 변화한 이 현재의 상태에 대한 조망의 일종이 될 것이다. 그 양자 배열에 따라 우리는 경험

평행 현실: 양자장의 요동

으로 인한 입자들의 배열을 바꾸고 재배치해 왔다. 가령 우리가 이 상태에서 뭔가를 바꾸면 우리는 하나의 평행 상태를 만든 것이다. 그래 거기 진짜 당신 것인 그림자 상태가 있을까? 당신 마음과 평행 상태는 서로 뗄래야 뗄 수 없이 결합되어 있고, 당신 삶 속에 있기도 하고 그렇지 않기도 한 그 패턴, 당신 삶이 따르고 있는 그 패턴이기도 하다. 평행 현실들이 그러니 거기 정말 당신 마음을 그야말로 형상화한 평행 상태가 있을까? 각기 다른 현실lifetime이 동시적으로 존재한다는 것을 알려주는 교체 가능한 상태는 과연 존재하는 것일까?

실지로 양자 차원을 구성하는, 소위 아원자적 입자들은 시간 안에서 살지 않는다. 하나의 입자는 동시에 무한히 많은 위치를 가질 수 있다. 그렇다면 당신의 특정 양자 장이 이러한 평행 경험과 가능성들을 가지고 있다는 것을 자각하면서도, 당신의 양자 장이 다른 장이 되는데 외 이동의 성질이 없는 고정된 장인가? 현실에서, 진짜 현실에서는 이 상태의 교체 가능한 접합과 연결은 무수히 많다. 그러나 우리는 그것들을 보지 않는다.

그것이 작동하는 방식은 이 상태가 기존의 상태 안에서 하나의 가능한 상태를 접고 펼치는 식이다. 바꿔 말하면 우리가 여기에서 보고 있는 이것양자 상태는 하나의 교체 가능한 삶 혹은 교체 가능한 상태를 접었다는 뜻이다. 그 장에 작용하는 역학은 우리가 어디로도 움직이지 않는다는 것이다. 양자 장에서 그것은 하나의 펼쳐진 장이고, 그 펼쳐진 장은 당신의 개인적인 양자 장이나 양자 상태의 조망landscape이라 불리는 그것을 창조한다. 그러면 이런 하나의 작은 상태가 얼마나 많은 펼쳐짐이 될 수 있을까? 무수히 많다. 세상에 있는 수많은 사람들이 똑같은 DNA을 공유하고 있는 것만큼이나 많은데, 우리가 양자 장에 있는 가능성들에 대해 이야기할 때 그것은 더욱 많아진다.

그 상태 자체는 '사라졌다 다시 나타났다'를 반복한다. 그리고 그것이 다시 나타날 때 우리는 분명히 우리가 현재 완전히 새로운 양자 조망을 보고 있다고 생각할 것이다. "아, 이 양자 조망은 저번 것과는 달라. 사진으로 찍을 수 있으면 저번 것이랑 다르게 어떤 특징이 있고 그 영향력이 어떤지 측정할 수 있을 텐데…"라고 우리는 말할 것이다. 하지만 실제로는 그것이 이전의 상태에서 하나의 새로운 상태로 펼쳐진 것이었다.

만약 당신 개인의 양자 장—당신만의 하느님 왕국, 지금 당신인 그 모습의 당신을 만들고 있는 고정된 자아 그 내부에 있는 당신 자신의 장—이 갑자기 평행 상태라고 밖에 부를 수 없는 것 속으로 펼쳐진다면, 당신 삶에는 어떤 식으로 영향이 미칠까? 기억하라. 우리는 모든 경험에 대해 책임이 있다는 것을. 또한 그리하여 우리의 창조적인 마음의 힘은 우리가 딛고 있는 땅까지도 닿아 있는 것이다. 그리고 그 마음의 힘이 닿은 그 모든 것은 살아 있다.

물론 상태들의 수를 셀 필요는 없다. 우리가 상태들 수를 센다는 것은, 상태의 법칙을 위반하는 것이고, 시간으로 되돌아가는 것을 의미하기 때문이다. 이는 시간의 법칙 안에서 생각하는 사람들이 잘 따라오도록 하기 위해 비유적으로 사용한 것뿐이지, 실제로 그것은 한 개의 상태이다. 그것의 매력은, 늘 존재했던 모든 사람들에게서 늘 있어왔고, 앞으로도 항상 있을 모든 것들이, 그들의 장을 별도의 다른 방식으로 조절해 왔고, 또 당신의 상태는 바로 그 상태가 되기 위한 양자 요동을 가질 수 있기 때문에, 당신 양자 장에도 역시 그 모든 것들이 존재한다는 점이다. 그러면 우리는 평행 상태에 대해서가

평행 현실: 양자장의 요동

아니라 실제 현실에서 이 상태가 어떻게 요동하는지, 이 상태가 보여주는 골의 높이와 깊이가 어떻게 바뀌는지에 대해 이해하게 된다. 가장 미세한 변화도 양자 상태에서는 하나의 시프트이다. 그러면 이 상태에서 시작하려는 한 고독한 인간이 지상 최고로 엄청난 이 지식을 배울 수 있는 것도, 이 상태에서 영원히 죽지 않는 것도 가능하지 않을까? 그 말은 불멸의 DNA 유전자와 맥락이 일관되지 않나? 그 말은 10% 밖에 쓰지 않고 있는 당신의 두뇌와 맥을 같이 하지 않나? 동시적으로 일관성을 지닌 사례들을 도대체 얼마나 더 많이 보여줘야 이를 받아들일 텐가? 당신이 가진 지금 그 상태, 그것이 바로 무한한 가능성이다.

우리가 사물에 대해서가 아니라 소위 사물이 경험인 것에 대해서 이야기하면, 우리는 그저 무표정할 뿐인 먼지가 아닌 정말로 경험인 입자들에 대해 이야기하고 있는 것이다. 그들은 사실상 분투하고 있고 살아 있다. 여기에서의 핵심이 바로 이 점이다. 왜냐하면 당신 양자 장을 구성하는 모든 입자들이 만약 과거, 현재, 미래의 가능성에도 똑같이 존재하고 있다면, 그러면 그 입자들은 다차원적multidimensional이고 또한 그 무한함은 다채롭다multiunlimited. 하나의 덩어리 짓기 속에서 경험을 향한 그 입자들의 수용 능력은 무한하다. 그리고 그 무한함은 수학적 지식으로는 풀어낼 수 없다.

만약 우리가 이러한 당신 양자 장의 조망 상에서 하나의 양자 요동을 가지면, 장은 그 사람의 장에서 지금 똑같은 상태를 차지하고 있는, 가능한 하나의 장으로 시프트를 완료한다. 그것은 평행 장이 지속적인 상태로 정확히 시프트를 완료했다는 것을 뜻할 수 있다. 아주 순조롭고 지속적으로 이어지고 있는 것처럼 보이는 당신 삶에는, 그 시프트가 어떻게 영향을 미칠까? 똑같은 집, 똑같은 꽃들, 똑같은 물건들이 있다. 그리고 나는, 이 상태가 이 상태 속에서 모든 사람, 장소, 사물, 시간, 사건들을 조정하고 다스린다고 당신들에게 말하고 있다. 이와 똑같은 상태를 공유하지 않는 그 어떤 것도 당신 삶에 구현될 수 없다.

이 지식을 통해, 당신 현실 때문에 자신이 희생자가 되었다는 생각에서 이제는 분리되어 떨어져 나올 수 있겠나? 당신 삶에 저항하여 싸우고 있는 자가 당신이라는 그 생각에서도 이제는 좀 벗어나지 않을 텐가? 당신은 당신이고, 신은 신이라는 그 생각에서 이제 좀 떨어져 나올 준비가 되지 않나? 만약 당신이 이를 따르고, 이를 말하고, 이를 안다면, 그러면 당신은 양자 물리학으로 잠재적 가능성의 가장 깊은 비밀들을 파고드는 가장 위대하고 가장 명석한 마음들과 함께 최고가 되는 것이다. 당신이 그 분리 작업을 할 준비가 되었다면, 당신은 당신 자신에 대한 무언가를 이해하기 시작한다는 뜻이고, 왜 당신이 살아온 세월 내내 당신 삶을 둘러싼 환경의 희생자였었는지를 이해하기 시작한다는 말이다.

당신이 어떤 특별한 유형이라 양자 물리학과는 별개로 논다고 당신은 정말로 그렇게 생각하나? 당신이 너무나 개인주의적이어서 그래서 왠지 당신이, 당신 양자 상태와 그것의 결과물인 당신 삶이, 마치 신이 꾸민 거대하고 보수적인 음모 같다고 여겨지나? 그런 생각이 드나? 당신은, 혹독한 삶으로 인해 당신이 남들과 너무 다르고, 너무 괴롭고, 너무 큰 상처를 받았고, 너무 음울해서, 어느 정도는 속물일 수 밖에 없다는 생각, 그리고 왜 그러는지 당신도 모르는 이유로, 양자 장이 당신에게 개인적인 벌을 주고 있다는 그 생각에서 이제 벗어나려고 하는가? 결핍을 애지중지 끼고 있는 짓은 이제 좀 그만

할 생각이 드나? 또, 그 왜 있잖은가, 다른 사람들은 그렇지 않아서 더럽게 기분이 나쁜 것 말고, 당신이 원하는 것을 다 가져서 더럽게 행복한 것, 그것에서 이제 좀 발을 빼 볼 텐가? 불쌍한 당신에게 지금 벌어지고 있는 예사롭지 않은, 그 뭔가를 통제하려는 그 생각에서 이제 벗어나려고 하는가? 내가 당신들에게 이 모든 것을 가르친 후에도 당신들이 계속 그렇게 살아간다면, 당신들은 그러한 고통을 당해 마땅하다.

이는, 마음이 양자 장과 불가분하게 결합되어 있다면, 그 거대한 의식의 흐름에서 몸이라는 것을 가려내어 지정할 수 있는 힘, 그 통제하는 힘은 무엇인가? 라고 내가 앞서 했던 질문을 다시 끄집어내도록 한다. 몸이 만들어지는 방법과 몸이 태어난 환경은 공히 이 법칙에 따른 것이다. 마음, 즉 2차 의식이 경험할 모든 것은, 이러한 기틀에 근거하게 될 것이고 이러한 기틀로부터 꽃필 것이다.

암호화된 혼의 사상寫像 해독

양자 세계에서의 우리의 특징을, 변칙과 혼이라는 현상이 종종 컨트롤한다. 혼은 궁극적인 기록 담당자이다. 숙고는 확장에 있어 핵심이다. 양자 흐름에서조차 그렇다. 예를 들어, 우리의 사명이 내가 당신들에게 준 가르침, 즉 그 자체의 영원성 속에서 신이 스스로 숙고했고, 그 숙고를 통해 2차 의식을 창조해, 자기 본위로 경험하고 스스로를 사랑하는 자신만의 마법 같은 여정을 시작했다는 것만큼 단순한즉, 우리가 바로 그 자신이자 우리가 바로 그 마법 같은 여정이다.

　　혼을, 빛으로 적힌 페이지로 된 하나의 거대한 책이라고 생각하라. 그 페이지 페이지에는 비밀의 말이 적혀 있고, 그 페이지에 적힌 말은 상징으로 표현되어 있다. 혹 우리가 그 상징들의 의미를 풀고자 하면, 우리는 아마 이런 상징들을 양자 요동으로 먼저 인지할 것이다. 우리가 생각하는 것이 어쩌면 상징들일 수도 있겠지만, 정말로 우리가 생각하는 것은 한 페이지에 적힌 의식적인 요동 상태들이다. 상형 문자 같지만 상형 문자가 아니다. 글자 하나 하나가 뜻을 가지고 있어서, 비슷해 보이기는 하나 카발라중세 유대교의 신비주의에서 불을 상징하는 글자도 아니다. 암호를 푸는 유일한 방법은 우리가 이러한 각 글자들의 구성이 양자 가능성의 구성이라는 사실을 이해하는 것이다.

혹 당신이 책을 펼쳤다면 수학식을 읽어 내라. 도안을 톱질하듯 잘라라. 그리고 도안에서 핵심이 되는 것들을 전부 이어 보면, 당신은 기이한 형상과 같은 하나의 형판形板template을 내놓을 지 모른다. 하지만 만약 당신이 도안—양자 장에서 입자들의 반응에 대한 도안 혹은 페르미온과 보손 입자들이 무언가를 끌어당겼거나 다른 입자들에 의해 거부된 것에 관한 도안—에 형판을 덧씌워 바라보고, 그것이 무엇에 대한 묘사인지 해석해 보아라. 아마 그것은 인간은 읽을 수 없는, 오직 성령만이 읽을 수 있는 생명의 서에 있는 것이리라.

이는 심원하고도 신비스러운 지식이다. 착오가 없도록 하라. 책은 존재한다. 허나 살과 피를 가진 자는 책이 담고 있는 것을 읽을 수 없다. 오로지 신성한 성령만이 책을 읽을 수 있다. 우리는 성령이 무엇인지 알고 있다. 그것은 마음이라 불리는 양자 모나드monad 무엇으로도 쪼갤 수 없는 궁극적 실체: 라이프니츠 철학 용어 이다. 한편 혼은 회선回旋과 배열을 수반하는 하나의 상태인 이러한 구조물을 짜임새있게 형성하고자 노력한다. 생명의 서는 경험으로 이 모든 상태들을 설정하고, 그러한 상태들은 경험 속에서 생명을 부여받는다. 이것들은 창조의 위대한 동력 장치이다.

양자 요동의 진실과 거짓

책은 그 속에 이 모든 정보를 전부 가지고 있고, 신과 합일하여 생명을 부여한 입자들을 암호화한다. 그런 다음, 책은 고결한 등식을 성립시킨다. 빛으로 언급되는 그것, 감춰진 질서와 드러난 질서, 그 둘 틈 사이에서 우

평행 현실: 양자장의 요동

리는 숙제를 안고 있다. 생명의 서에서 또는 혼에서, 당신들은 단순 구성을 뛰어 넘는 창조를 끝내지 않았다.

우리가 변하기로 결심은 했지만, 여전히 결핍을 이유로 변화하려고 한다면 어떻게 되겠나? 결핍은 클라이맥스이다. 우리는 고리타분하고 형편없는 사람들에서 새롭고 발전된 사람들로 변화하고 있지만, 정작 가장 핵심적인 특성the central characteristic은 여전히 똑같은 클라이맥스다. 여기에 실마리를 풀 수 있는 열쇠가 있다. 우리는 우리 몸 나아가 모든 세포 조직에서 일어나는 일을 구성하고 있는 양자 상태를 사용하고 있다는 것, 그것이 열쇠이다. 모든 생명, 우리가 현실 속에서 그 모든 생명과 어떻게 상호작용하는지가, 양자 상태의 모든 부분 부분을 이루는 것이다. 우리는 변하는 것이 아니다. 맺고 있는 관계를 변화시킬 때마다, 우리는 양자 요동을 창조하는 것이다. 우리는 그저 지루하게 반복하는 클라이맥스를 경험하는 양자 장이 됨으로써, 그 형판을 그대로 따르고 있다. 우리가 하는 일이라그는 그저 클라이맥스를 갖기 위해, 우리 것인 양자 상태를 덩어리 짓기 위해, 덩어리를 사용하는 것뿐이다. 변할 게 뭐가 있겠는가? 어떤 결핍을 가지고 물질로 덩어리 짓기해 가는 것은, 당신 양자 상태에 있는 양자 요동을 결코 평행 상태로 구성하지 못한다는 사실, 이것을 당신이 이해하는 것이 매우 중요하다. 그러면, 이 시점에서 우리는 변화라는 것의 가치를 어떻게 매길까? 원래 당신은 자신이 무엇을 하든 결핍으로부터 창조하도록 강요 받는다는 의미에서 당신 삶의 가치를 책정해 왔다.

혼은 그것과 어떤 관련이 있을까? 그것은 환생할 때 당신이 가지는 특징이 된다. 당신은 이러한 양자 상태에서 항상 사람, 장소, 사물, 시간, 사건들을 가질 것이다. 당신이 그것을 가지고 무엇을 하든, 나는 전혀 상관하지 않는다. 당신은 부자냐, 가난하냐, 추하냐, 뚱뚱하냐, 말랐냐, 아름답냐로 그것을 평가할 수 있다. 허나 다를 바 없다. 모두 같은 것이다. 당신은 이 곳에서 저 곳으로 옮겨 갈 수 있다. 당신은 그것과 다른 이것을 먹을 수도 있다. 당신은 그렇게 하라고 강요당하기 때문에 당신이 가진 모든 결핍을 찾아낼 수도 있다. "나는 여기를 벗어났습니다. 나는 내가 가진 모든 것을 팔았고, 그리고 나는 내 삶에 큰 변화를 이루어냈습니다."라고 말할 수도 있다. 아니, 당신 삶은 변하지 않았다. 당신은 그저 당신의 양자 장이라고 하는 그 얼어붙은 상태의 법칙 안에서 행동을 취했을 뿐이다. 당신은 그저 그 안에서 작동했던 것뿐이다. 새로운 얼굴은 아무 의미 없다. 왜냐하면 당신 삶에서 새로운 얼굴이라는 것은 클라이맥스가 된 결핍에 불과하기 때문이다. 또한 우리의 비극은 우리가 그 짓을 하고 있다는 것을 우리 자신이 안다는 점이다. 그렇지 않나? 당신이 그 상태 속에서 무슨 짓을 하든 ㅡ당신은 엄청난 부자가 될 수도 지독한 가난뱅이가 될 수도 있다ㅡ 그것은 요동이 아니다. 당신들이 양자 장 내에서 어디를 가든 당신들은 하나의 끝나지 않은 창조의 상태이기 때문에, 당신은 반드시 그 양자 장의 구조 안에서 움직인다.

그것이 당신과는 무슨 관련이 있을까? 어떻게 그렇게 작디 작은 하나의 상태가 당신이 존재함에 있어 하나의 추진 동력으로 작용할 수 있을까? 그 작고도 작은 상태는, 당신이 이 곳으로 되돌아 올 것이고, 어떠 어떠한 환경에서 살과 피를 가지고 태어난다고 말해 주는 혼의 형판이기 때문이다. 당신은 이 양자 상태로부터 꽃을 피우고 있다. 그 양자 상태 속으로 다른 뭔가는 들어오지 못할 뿐 아니라, 전부 그 법칙에 복종할 것이다. 왜냐하면 이 상태 안에서는, 당신이 하고 있는 게 무엇이고, 그리고 이미 그것을 가졌다는 사실을

평행 현실: 양자장의 요동

깨닫기 전까지는, 당신의 클라이맥스와 계속 만나야 하기 때문이다. 그런 다음에야 우리는 양자 요동을 가진다.

이제 당신은 이 양자 상태가 사람, 장소, 사물, 시간, 사건에서 클라이맥스를 계속 겪도록 고안되었다는 것을 이해한다. 그것은 사실이다. 이제는 이것이 얼마나 깊이 들어갔는가가 문제이다. 이 상태에서 당신은 세상에 있는 모든 돈을 다 벌 수도 있다. 하지만 당신은 계속 클라이맥스를 되풀이해야 하기 때문에, 이 상태가 평화를 가져다 주지는 않을 것이다. 당신은 이 상태에서 지상 최고로 가난한 자가 될 수도 있다. 그리고 당신은 이 상태에서 끊임없이 계속 결핍을 만나는 것이다. 이것이 클라이맥스다. 이 상태에서 당신은 어느 누구든 당신을 사랑하게 만들 수 있다. 왜냐하면 당신 양자장으로 누가 들어오건, 당신은 그들이 요구하는 무엇이든 사줄 수 있고, 그들이 요구하는 무엇이든 그들과 함께 할 수 있고, 그들의 모든 욕구를 충족시켜 줄 수 있고, 그리고 그들이 원하는 당신이 될 수 있기 때문이다. 그러니 어떻게 그런 자물쇠와 열쇠 같은 관계에서 그들이 당신을 사랑하지 않을 수 있겠는가?

심지어 이런 상황에서도 당신은 사랑을 얻을 수 있지만, 모든 사물, 모든 사람, 모든 장소, 모든 시간, 모든 사건이 감정적 클라이맥스를 계속 반복해야 한다는 제한된 조건 안에서만 사랑을 얻을 수 있다. 이 상태에서 당신은 그 누구에게든 전부가 될 수 있다. 당신은 누구든 유혹할 수 있다. 당신은 당신이 원하는 것은 무엇이든 얻을 수 있다. 당신은 아름다울 수 있다. 당신은 섹시할 수 있다. 당신은 그들이 원하는 곳이 어디든 거기에 있을 수 있다. 당신은 입으로 돈을 뱉어낼 수도 있다. 당신은 그들이 원하는 것은 무엇이든 사줄 수 있다. 당신이 마치 끈끈이라도 된 것처럼, 그들은 당신을 사랑하게 될 것이다. 그들이 당신을 사랑할 때 무슨 일이 벌어질까? 지루함이다. 당신은 해냈다. 그들이 당신을 사랑하도록 만들었다. 그것은 당신에게 그저 해결책이 없는 또 하나의 클라이맥스일 뿐이다. 그러니 당신은 싫증나게 될 것이고, 그러면 당신은 그들한테서 트집을 잡기 시작할 것이다. 당신은 그들의 결점을 찾아내기 시작하고, 결점을 지적하고, 당신이 그들에게 해준 모든 것들을 상기시키고, 그들에게 자신이 돈을 벌어다 주는 가장임을 상기시키고, 그리고 그들에게 "어느 누구도 내가 한 것처럼 너를 사랑하지 못할 거다"라고 말하게 될 것이다.

침울하고 무거운 기분이 당신을 덮쳐, 너무나 슬프고 너무나 우울한 건 아주 당연한 일이다. 당신 주변의 모든 친구들이 당신이 원하는 모든 것, 당신이 사랑하는 모든 것을 가져다 주려고 한다. 그리고 그들이 해주는 그 어떤 것도 당신이 마음에 들어 하지 않는다는 것을 그들은 알아차리지 못한다. 당신은 마음에 드는 것도 좋은 것도 없다. 당신은 우울하다. 왜냐하면 당신은 중독되어 있기 때문이다. 그리고 당신은 클라이맥스에 맞게 계산된 형태로 사랑을 뒤엎어 망가뜨려버린다. 그들이 당신을 위해 무엇을 할 수 있을까? 그들 모두가 당신 양자 장에 있다. 그들이 당신을 위해 무엇을 하려고 할까? 치킨 스프를 가져다 줄까? 그 치킨 스프는 이제 당신 양자 장에 있다. 당신이 당신에게서 벗어나려고 할 때, 당신은 어디로 갈 수 있을까? 어디를 가건 클라이맥스가 일어날 기회가 떡하니 버티고 있다. 당신은 무엇을 할 텐가? 우울에 결부된 클라이맥스가 있다. 슬픔에 결부된 클라이맥스도 있다. 당신이 하는 모든 일에 결부된 클라이맥스가 존재한다. 당신이 반드시 알아야 하는 것은, 그런 클라이맥스들은 당신 삶에서 그저 옷만 바꿔 입고 등장하는 항상 똑같은 감정이라는 사실이다. 그것은 아직 당신 것 owned람타는 경험을 통해 얻은 감정을 지혜로 바꿀 때 그것을 우리가 소유한다고 말한다 으로 만들지 않은 똑같은 감정이다.

클라이맥스와 지혜

반전反轉 상태, 일종의 반물질反物質 상태인 적외선 차원에서는, 지상地上헤르츠차원에 묶여 자신의 적외선 몸에 매인 사람들이, 똑같은 상태에서 클라이맥스를 얻으려고 시도하지만, 그들은 절대 클라이맥스를 얻지 못한다. 그들은 먹어도 먹어도 채워지지 않을 것이다. 거짓말을 해도 아무도 속지 않는다. 그들은 중독자로, 지상에 묶여버린 존재들이기 때문이다. 그들은 약물 중독자다. 그들 눈에 자신들은 번민에 찬 고통 받는 영혼들이고, 버젓이 적외선 차원에 있으면서, 그들은 여기 이 차원헤르츠 차원에서 자신을 괴롭히는 것, 그것들로 인해 영원히 고통 받고 있다. 이 차원적외선 차원에는 여기헤르츠 차원에 있는 것처럼 고통을 주는 클라이맥스는 없다. 그렇다, 고통과 번민은 구원이라고 불리는 클라이맥스를 갖고 있다. 그것은 강렬하다. 그런데 적외선 차원에는 클라이맥스가 없기 때문에 구원이 없다. 거기에서는 모든 사람들이 서로 흥분한 채 뒤엉킨 땅굴의 뱀들처럼 모두 저질스러운 자세로, 상상할 수 있는 모든 섹스를 하며 흥청망청거리는, 그런 장소가 있다. 그들은 왜 거기 머물까? 새로 땅굴로 들어가는 모든 적외선 몸들은, 클라이맥스를 가져다 줬던 결합 조건이 달리 없기 때문에 그 곳에 계속 사로잡혀 있다. 그들을 고통에 찬 영혼이라 한다. 습관들, 먹어도 먹어도 채워지지 않는 음식, 따뜻하지 않은 불, 결코 이길 수 없는 게임, 절대 찾지 못할 진리, 절대 찾지 못할 성배聖杯, 그것이 적외선에 존재하는 모든 것이다.

이것이 우리 마음을 벗어날 수 없는 양자 장에 대한, 위대한 고대 지혜이다. 마음에 대해 우리가 아는 것 또한 이 차원plane에서 마음이 어떻게 구현되는가, 그것은 마음의 하강과 펼쳐짐이다. 한 사람의 양자 장으로 삶의 패턴을 부여하는 것이 바로 마음이다. 그러면 바로 혼이 그 양자 장을 디자인한다. 육체라는 형태에 찾아 드는 2차 의식은 그 장의 생생한 투영projection이고, 사람, 장소, 사물, 시간, 사건과 환경인 그들 삶은 이 장의 영향을 받는다. 지금 우리는 몸을, 더 나아가 두뇌를, 더 나아가 커다란 사물들을 가지고 있다. 또 우리는 지금 헤르츠 의식과 헤르츠 에너지의 흐름 안에 있다.

우리 두뇌는 이 영원한 흐름에서 동결되는 순간을 잡아낸다. 그 동결된 생각을 두뇌 속에 있는 신경학적 생각이라 부르는데, 그 때 그 생각은 4차원이나 3차원 혹은 5차원의 의식이나 에너지가 아니라, 영역을 확보하고 있는 물질의 탄력성 내 의식의 흐름, 이 의식의 흐름에서 동결하는 순간이 더 많아짐으로써 성립된다. 두뇌가 하는 일은, 이 의식 속에서 생각을 신경학적 형태로 동결시키고, 그 생각을 전두엽에 배치시키는 일이다. 그 생각들은 관찰자에 의해 관찰되고, 양자 요동 시프트라고 하는 것 안에서 구현에 이른다. 그 시프트에서 몸은 동시적 작용으로 클라이맥스를 얻기 위한 경험, 그 경험에 필요한 화학적 준비를 한다. 그런 다음, 2차 의식은 클라이맥스로부터 물러나 두뇌로 되돌아 간다. 그리고 이제 이 총체적인 경험을 마음이라 부르게 된다. 이제 현실 차원에서 생명 부여가 완료되었다. 신은 사랑스러운 꽃 한 송이를 심었고, 그리고 신은 떠나며, 신이 심은 꽃은 신이 떠난 뒤 꽃을 피운다.

평행 현실: 양자장의 요동

그 때 우리는 마음을 뭐라고 할까? 그 마음은 고정된 상태, 이 양자 상태와 불가분하게 결합되어 있다. 새로운 삶은 우리가 이러한 똑같은 의식의 어딘가에서 출발했던 그 개념을 끝내도록 해준다. 삶에서 우리는 창조의 물결 한 가운데 있고, 우리는 지혜 대신 클라이맥스에 중독되었다. 또한 이러한 삶에서 우리 두뇌는, 그러한 기회를 구현하거나, 하나의 고정된 장이나 동결된 상태로서 그 장을 보강함으로써 마음의 질을 높일 것이다. 혹은 새로운 상태는 당신의 새로운 삶을 빚어낼 터이므로, 그 상태가 하나의 새로운 상태라는 것을 아는 지혜의 상태에 들 것이다.

당신이 필요로 하는 모든 클라이맥스는 하나의 중독으로, 클라이맥스 뒤에 숨어 있는 태도와 함께 당신 것으로 만들 필요가 있다. 그것을 당신 것으로 만들고 당신이 지배하고 정복한 것으로서의 마음으로 다시 가져오면, 그 때 당신이 그것을 자기 것으로 만든 그 순간에, 이 상태는 새로운 상태로 다시 나타난다. 그 말은 당신 삶 -이 상태를 투영하는 통로- 속의 모든 사람, 장소, 사물, 시간, 사건들에 나타난다는 의미이다. 당신 삶은 달라지지 않았다. 당신 삶은 변화를 향한 진화도 아니며, 또한 느린 깨달음도 아니다. 그것은 우리가 앞서 평행 상태로 언급한, 무한 가능 상태들 속에서 즉석에서 바뀐 것이다.

여기 이 거대한 세상, 당신 생계가 있는 이 세상에서, 당신 양자 장의 양자 요동에서 일어나는 시프트는, 이전에 당신이 가졌던 삶과는 어떤 상관이 있을까? 그 장에서 양자 시프트가 일어나는 그 순간, 당신은 당신 삶의 새로운 기반으로 진화한 것이 아니라, 순간적인 시프트를 완료한 것이다. 순간적으로 이제 당신은 평행 현실에 살고 있다. 당신이 이룬 미미한 혹은 큰 상태 시프트 내에서, 그 평행 현실은 현실lifetime이라는 작은 개념이 주는 큰 자산이다.

양자 상태에서 시프트는 평행 현실을 가져온다. 그리고 이제 그 평행 현실 안의 모든 것이 다르다. 이전에 당신을 강제했던 것이 새로운 시프트에서는 영향력을 미치지 않기 때문에, 당신과 당신 환경을 둘러싼 관계가 해제된다. 당신은 이제 평행 존재 속에 있다. 평행 존재 안의 우리 마음은, 이전의 상태에 있던 우리 몸을 떠나는 것이 아니라, 몸이 양자 물질로 이루어진 것이므로 평행 존재 안에서도 역시 살아갈 수 있다. 이제 마음은 새로운 통로인 새로운 삶으로 시프트했고, 모든 것이 다르다. 분명해지는 것은 이전에 한 때 당신 삶을 지배했던 클라이맥스가 작동하지 않는다는 것이다. 과거의 클라이맥스는 새로운 삶에서는 또렷하지 않다. 그리고 그 영향력 역시 사람, 장소, 사물, 시간, 사건들을 통해서 드러나지 않는다. 그것이 진실이다.

이 지식은 신의 왕국으로 가는 열쇠다.

그렇다면 삶의 의미는 무엇인가?

삶이 의미하는 것은 무엇인가? 당신 삶에는 경험이 주어졌다는 것과, 당신 삶은, 태어나면서부터 당신이 그것을 따르고 자신의 것으로 용인하지 않은 것을 안고 살아가면 불가피하게 만나게 될 종말인 죽음, 그 죽음에 이르기까지를 이미 다 알고 있는 근본적인 작은 물질의 투영이라는 사실을 우리는 이제 안다. 그것은 당신의 상태이다. 그 상태 안에서의 변화는 양자 요동을 창조하지 않는다. 마음 변경mind-altering을 수반한 변화가 양자 요동을 창조한다. 아마도 그 때 우리는 왜 무한 잠재성을 지닌 평행 양자 상태들이 존재할 수 있는지를 이해하기 시작할 것이다. 그것은, 그런 아주 작은 선언/표현이 평행 현실의 거대하고 글로벌한 전망을 책임질 수 있기 때문이다. 평행 현실들은 양자 장의 상태들, 즉 의식의 상태에서 일어나는 양자 시프트와 같은 것이다. 그것은 똑같은 것이다. 일체一切One는 큰 것을 지배하는 작은 것이다.

당신은 평행 현실에 관심을 가지고 있다. 추상적인 어떤 것에 관해서가 아니라, 바로 당신 자신에 관한 것인 평행 현실이 지금 이 순간 여기에 있다. 우리는 여기서 추상적인 무언가를 설명하고 있는 것이 아니다. 우리가 평행 현실에 대해 이야기하고 있을 때, 우리는 양자 상태에서 일어나는 양자 시프트에 대해 이야기하고 있는 것이다. 지금 당신은 하나의 생에만 관심이 있을 뿐이다. 이를테면 나이 들지 않고 당신이 갖고 있는 똑같은 몸으로, 양자 평행 현실이 현재의 삶으로 시프트한다는 게 가능한 일일까? 과학적 관점에서, 그것은 하나의 개연성probability이다. 그렇다. 그래서 지금 뉴에이지에서 말하는 공중에 떠다니는 고래 이야기를 하는 것이 아니다. 이것은 하나의 가능성possibility이다. 당신들에게 한 가지 묻겠다. 당신의 평행 현실에서, 그리고 똑같은 당신, 당신이 갖고 있는 그 똑같은 몸 그대로인 채 당신이 모든 감정적 결핍이 충족되었다면, 당신 삶이 어떨 거라 생각하나? 그 몸은 죽지 않아도 되고, 어디로 가지 않아도 된다. 잠시 생각해봐라. 억울함과 분노—이 둘은 불가분하게 결합되어 있다—라는 감정을 허용하고 내 것으로 만든다면 어떨까? 당신은 어떤 사람이 될까?

다른 예를 들어 보겠다. 이 양자 상태는 우리가 어떻게 생각하고 우리 삶에 무엇이 있는지 나타내고, 그리고 한 번도 상태에 요동을 일으키지 않은 단조로움의 무한한 특질들로 인해 그 삶에서 벗어나지 못한 채 작동하는, 우리의 수용능력을 담고 있는 혼의 패턴이라는 것을 우리는 안다. 우리가 그것이 어떻게 작동하는지 안다고 했을 때, 만약 자신들의 감정적인 것들에 휩싸여, 당신을 버린 부모에게 당신이 태어났다면, 당신 삶은 어떻게 되었을까? 사랑과 보살핌에 대한 당신의 탐색은, 그들에게 모든 것을 줌으로써 그 사람들을 통제하여 그들이 당신을 사랑하도록 하는 그 통제의 범위, 자신이 그 안에 있다고 생각하는 그것, 정확히 그 통제력이기 때문에, 당신은 삶의 첫 시작부터 그 통제력을 필요로 했을 것이다. 궁극의 클라이맥스는 사랑을 통제하는 것이다.

만일 우리가 이를 안다면, 우리가 현재의 이 삶을 살고 있는 이유가 무엇인지, 그리고 버림받는 걸로 시작된 생의 첫 단추부터 남은 생 내내 사랑을

평행 현실: 양자장의 요동

통제하도록 세팅된 우리의 클라이맥스를, 우리가 알았더라면 우리 삶은 어떻게 달라졌을까? 그것을 해결하여 자기 것으로 만들고 받아들였다면, 오늘 당신은 어떨까? 다른 삶을 살고 있을까? 상태의 역학이 달라졌을까? 그렇다. 우리가 그것을 내 것으로 만들었다는 것은, 우리가 그 상태에서 양자 요동을 일으켰다는 것을 의미하기 때문이다. 우리가 그 상태에서 양자 요동을 일으키면, 다음 순간 새로운 평행 현실이 나타난다. 그 평행 현실은 별 다를 거 없이 순조로워 보인다. 하지만 더 이상 사랑을 통제하려는 마음이 새로운 삶에는 나타나지 않는다. 당신이 만약 해결하지 못하고, 자신의 것으로 만들지 못했다면, 오늘 당신은 어떻게 다를까? 당신 삶은 어떻게 달라져 있을까? 당신 삶에 무엇이 있고, 무엇이 없을까?

또 다른 예는 당신은 왜 불안한가에 대한 것이다. 왜 당신은 무가치하다고 느끼는 클라이맥스를 얻으려는 감정적 결핍을 창조했을까? 지식을 통해, 당신은 이제 대중들에게는 그토록 이해하기 어렵고 따분한 과학을 이해하게 되었다. 이전 같으면 꿈에도 알지 못했을 양자 장에 대해 당신은 이제 조금 이해하게 되었고, 그것은 당신을 기분 좋게 해준다. 왜 그럴까? 그것은 하나의 기회를 의미하기 때문이다. 불안의 클라이맥스에 대한 기회는 폐쇄시켰고, 그 기회는 지혜를 얻을 기회이기 때문이다. 지식은 불안을 종식시킨다.

당신이 이를 알게 된 지금 당신은 어떻게 다른가? 봐라, 우리는 당신에 대해 이야기를 나누었다. 우리가 이야기했던 것은 당신이고, 당신 삶이다. 당신은 벌써 얼마나 현명해졌는지 모른다. 얼마나 파격적으로 자유로워졌는지 모른다. 얼마나 많이 알게 됐는지 모른다. 당신이 신의 왕국으로 가는 길에는 이제 장애가 없을 것이다. 장담한다.

Fireside Series, Volume 3, No. 3

예측 가능성의 자성磁性을 차단한다

이 지속되는 양자 상태, 그리고 그 상태 내에서 양자 요동이 무한한 가능성을 펼치고 있다는 것을 이제 우리는 이해한다. 그렇다면 우리는 이 거대한 세상 속에다 평행 현실을 가지고, 그 양자 요동의 무한 가능성에 대한 이해를 비춰볼 수 있을 것이다. 또한 우리 삶 속에서 우리 소유로 만든 것들 전부와 함께 우리가 하는 시프트 역시, 평행 현실을 가지고 그 이해를 비춰 볼 수 있을 것이다. 우리는 새로운 양자 상태와 하나의 새로운 거대한 삶으로 시프트하고 있다. 변하는 것이 아니다. 당신, 당신 마음, 당신 태도는 당신의 삶 전체를 반영하고, 당신 양자 상태의 컨트롤 하에 있다고, 우리는 단호히 말할 수 있다. 사실상, 당신 삶은 당신 태도를 기반으로 한다. 예전에 한 때 사람들은 태도를 '자신의 힘을 되찾는 것'이라고 말했다.

그것이 성적性的이든 소비 행태에 관한 것이든 클라이맥스 지점으로 감정을 불러일으키는 어떤 생각이나 암시든 간에, 하여튼 당신은 클라이맥스에 중독되어 있다. 화학적 폭발을 반복적으로 불러일으키고, 당신에게 몸을 통해 고조된 기분을 안겨줌으로써 중독은 진행된다. 그러고 나면 당신은 클라이맥스에서 내려와 당신 몸이 다시 일하게끔 한다. 그것이 당신 상태가 드러났을 때 볼 수 있는 모습이다. 당신 삶에 존재하는 현명한 자는 누구든 당신이 이렇다는 것을 알고, 또 당신이 가졌거나 그들이 가진 것을 당신에게 투사할 수 있는 유일한 방법이, 그들이 그 결핍을 가속화시킬 수 있는지의 여부라는 사실도 안다. 그들은 당신에 대해 그것 말고는 아무것도 보지 않는다. 클라이맥스를 위해 당신은 이 상태 안에서만 작동하기 때문에, 말하자면 당신은 이 양자 상태에 갇힌 것이다.

평행 현실: 양자장의 요동

이 상태에서는 요동이 없다.

그러면 당신의 그 중독이 첫 클라이맥스에서 시작됐다고 할 수 있을까? 아이들에게 죄와 벌, 선과 악, 벌의 척도를 이야기해 주듯이, 나는 지금 성적 클라이맥스같이 가장 정확한 용어로 클라이맥스에 대해 이야기하고 있다. 우리가 하는 모든 것은 클라이맥스를 가지고 있다. 그것이 벌에 관한 클라이맥스건, 좋은 사람이 되려는 클라이맥스건, 성적 클라이맥스건, 우리가 구애를 하고, 거짓말을 하고, 어떤 행동을 하는 모든 이유는 오로지 클라이맥스를 얻으려는 것이다. 성적 클라이맥스는 가장 뚜렷하고 명백한 클라이맥스이면서도, 좋은 사람이 되려는 클라이맥스, 우울함의 클라이맥스, 통제하려는 클라이맥스, 구원에 관한 클라이맥스와 같은 다른 포착하기 어려운 클라이맥스들까지 아울러 암시해 주는 역할을 한다. "우리 삶은 지나치게 평화롭다. 우리가 로맨스를 얻을 수 있게 혼돈을 창조해야 한다." 로맨스는 평화로움에서 나오는 게 아니다. 부적절한 행실, 구원, 유대감에서 나온다. 그래서 우리가 유대감을 원하면 우리는 로맨스와 유대감을 창조하기 위해 먼저 이 전체 경로를 창조해야 한다.

이 특정한 상태에서, 결핍을 이유로 우리의 재화와 용역을 교묘히 손에 넣는 것은, 우리가 우리 상태 내에서 우리 상태에 들어올 수 있는 것을 가지고 클라이맥스들에 접근해야 한다는 뜻이고, 이는 우리가 물질 대 물질로 정면으로 맞서야 한다는 말이다. 우리의 생계를 위한 것들조차 크든 작든 이 상태에서 나온다. 만일 우리가 교활한 거짓말쟁이라면, 만일 우리가 누구든 우리를 사랑하게 만들 수 있는 사람들이라면, 우리는 이 생에서 우리가 원하는 것을 취함으로써 최고의 성공을 누릴 지도 모를 일이다. 왜냐하면 이런 사람들은 누구한테든 그 어떤 것이 되어줄 수 있고, 그들한테서 자신이 원하는 것을 취해 보상을 획득하기 때문이다. 거짓말은 문제도 아니다. 이건 아무것도 아니다. 이 모든 건 재화와 용역에 결부된 클라이맥스를 얻기 위한 것이다.

누군가에게 보살핌을 받고 싶은 욕구조차, 이 육화肉化에서 우리 자신으로부터 우리가 보호받아야 하기 때문에 존재한다. 따라서 우리는 우리 삶에다 항상 우리를 위해 있어주는 누군가를 창조해야만 한다. 우리가 이런 클라이맥스가 필요하다는 것을 우리는 안다. 우리는 우리의 중심을 잡아주고, 우리를 용서해 주고, 보살펴주고 깨끗하게 만들어 줄 그 누군가가 필요하다. 그렇게 해야 우리는 밖으로 나갈 수 있고, 다시 클라이맥스를 취할 수 있다. 이 상태에 그 역할을 정말로 잘하는 사람들이 있다. 당신은 한결같다. 이 역시 당신을 사랑할 사람들을 확보하고 통제하는 한 가지 방법이다. 당신은 그들 삶 속에서 불변의 존재가 될 것이다. 그들은 밖으로 나가 이런 클라이맥스들을 취하고 이 모든 일들을 할 수 있지만, 당신은 그들 모두가 다시 집으로 돌아오도록 하는 불변의 장치가 될 것이다. 그들이 당신에게 돌아왔을 때, 당신이 하고자 하는 일은 그들이 살아갈 삶의 방식 전반을 컨트롤하는 일이고, 이렇게 하는 것을 힘/권력에 결부된 클라이맥스라고 한다. 당신은 그들을 사랑하는 바로 그 사람이다. 탕아蕩兒처럼 집을 떠나 이 모든 짓거리들을 다 하고 당신의 재산을 탕진하지만, 그것은 클라이맥스가 아니다. 당신이 구원자라는 사실이 바로 클라이맥스이다. 당신은 자비를 베푸는 사람이다. 당신은 용서를 베푸는 사람이다. 당신은 집으로 돌아온 탕아를 받아들이는 사람이다.

당신 양자 상태 내에서 일어나는 상태의 전개는, 당신이 클라이맥스에

평행 현실: 양자장의 요동

중독되어 지난 많은 생에서부터 계속 끌고 다녔던 감정들과 끝내지 못한 현실들을 갖고 있어서 상당히 위험하다. 매 새로운 생애는, 이제 알게 된 의식과 시간들 안에서 미세한 진동과 그 진동의 결말에 꼭 맞춘 고정된 양자 상태를 기반으로 한다. 가령, 옛날이고 당신한테는 권력이 없다고 한다면, 당신한테는 십중팔구 토지도 없다. 그런데 토지를 경작했다면, 그건 왕자나 귀족 소유의 토지였을 것이다. 그럴 때 당신 수확량의 대부분은 사실상 그 왕자나 귀족의 것이 되고, 당신은 당신과 가족들이 소작인으로서 겨우 연명할 정도의 남은 찌꺼기나 가졌다. 행여 당신이 수확물을 훔치거나 지주가 가지는 것보다 더 많이 뒤로 빼돌리기라도 하면, 당신 손은 두 토막이 나고 말 것이 뻔했다. 아주 빠르고 손쉬운 재판이긴 하나, 이제 이렇게 되면 문제는 누가 토지를 경작하는가이다. 그렇게 보면 이 재판의 결과는 참혹하다. 아이들과 그의 아내가 경작을 해야 한다. 남자는 손이 없다. 남자는 이제 사실상 가장이나 다름없는 그의 가족들에게 의존해야 한다. 그리고 가족들은 자신들 생계 부담만 안는 것이 아니라, 살아남기 위해 나눠주지 않으면 안되게 된다.

오늘날 이 생, 이 빠르게 전개되고 붕괴해 가는 사회에서 위선자들은 조롱감이다. 진실, 그것은 가장 속된 형태로 인기를 누린다. 성적인 생각, 복수심, 부자들, 가난한 자들, 흑인들, 백인들, 입법자들, 범법자들에 대한 생각들, 어느 하나 노래 형태로 나오지 않은 것이 없다. 사람들에게 거짓말을 하게 하는 것은 흔해 빠진 일이다. 의식이 단호하게 당신을 위선자로 부를 것이기 때문에, 오늘 당신은 티타임에서 사담을 나눌 수도 없다. 진실은 스스로를 숨김없이 드러내 버린다. 그것이 바로 지금 이 순간에 존재하는 마음의 속성이므로. 게다가 이 사회에서는, 이제 손이 잘리지도 않는다. 당신이 배운 것이라고는, 정책이나 친구 관계를 미끼로 당신을 믿도록 만들어, 사람들을 이용하는 방법이다. 또한 뙤약볕 아래서 허리가 부서져라 들일을 하지 않아도, 투쟁의 일선에 나서지 않아도, 푼돈을 벌려고 뼈빠지게 일하지 않고도, 당신의 욕구를 채워 줄 그들을 확보하는 방법을 배웠다. 누군가 당신을 위해 해줄 것이다. 그럴 때 당신이 해야 하는 일은 그저 그들이 당신을 사랑하게 만드는 것뿐이다.

진실에 대한 가르침은 내 가르침 중 가장 사랑 받기도 하고 가장 미움 받기도 하는 내용이다. 그런 것들진실에 대한 가르침이 왜 그리 중요할까? 그것은, 사람들은 그것들클라이맥스들이 무엇인가로 보여, 볼 수 있고 다룰 수 있지 않는 한, 그들은 항상 그것에 중독되어 있기 때문이다. 그들의 비밀이 그들을 점령했기 때문에, 이 생에서는 양자 요동이 없을 것이다. 나는 불가사의한 신이었다. 그런데 나는 뭘 하고 있었던가? 나는 내가 심판하려고 했던 바로 그 사람들과 합일하고 있었다. 그 심판은 그들 양자 상태 더 깊은 질서에 도달할 것이다. 당신은 날개를 달고 하얀 예복을 입고서는, 비밀을 가지고 있다고 해서 그 누군가를 비난하는 신이 될 수 없다. 당신은 그 사람과 합일하여 존재해야 한다. 만약 당신이 그렇게 하면, 그 때 은총과 유대에 의해 진리가 모습을 드러내고,이제 우리는 양자 장에서 요동을 갖게 된다.

이제 당신은 당신 양자 장의 동결된 상태에 대해, 그리고 동결된 상태를 바꾸지 않고 장 안에서 작업해 왔다는 것에 대해 좀 더 알게 되었다. 이제 당신은 왜 시작과 끝이 있고, 그것은 이미 다 알려졌다는 것을 안다. 움직일 수 없는 이 양자 상태에서, 몸의 생체 시계는 째깍거리며 흘러가고 있다. 신의 마음은 우리에게 큰 것에서 이루어지는 이번 삶을 부여했고, 그리고 이 삶 속에서

평행 현실: 양자장의 요동

위대한 존재는 우리를 꿈꾸고 있다. 그러면 이 꿈 안에서 우리는 예측 가능한 뻔한 꿈, 아니면 획기적인 개별 존재, 둘 중 하나를 연출하며 산다. 만일 당신이 이 사실을 알아, 그것들을 이해함으로써 당신의 결핍에 직면할 수 있다면, 당신은 당신의 감정적 고통으로 죽음을 맞이하지 않을 유일한 길인 천국으로 가는 계단을 밟는 것이며, 이 때 천국은 지혜의 순간에 다가오는 평행 현실이다. 당신 삶은, 당신 양자 장에 있는 양자 요동으로부터 새로운 기울기로 시프트하고 있다. 왜냐하면 당신 마음, 더 정확히 말해서 그 기울기와 불가분하게 결합된 당신 마음이 이제 바뀌었고 확장되었기 때문이다. 우리와 함께 시작했던 마음은, 이제 지혜와 함께 진화하였고, 그에 결부된 클라이맥스는 중단되었다. 이제 그들에게 주어진 삶에 대한 이해는 우리의 방해와 착오 없이 수용된다. 그리고 우리는 더 이상 클라이맥스를 얻으려고 일그러지지 않는다. 클라이맥스를 얻으려는 삶은 이제 나와 무관하다. 이것이 분리이다.

우리가 하는 모든 시프트는 우리 현실을 바꾼다. 양자 상태가 변했기 때문에 우리는 평행 존재 상태로 옮겨 간다. 모든 평형 존재 상태는 첫 감정적 클라이맥스, 그것의 원인과 결과를 그 속에 갖고 있지 않는 물질의 존재 상태일 것이다. 달리 말하면 평행 존재 상태 안에 있는 모든 것은, 클라이맥스의 자력과 그 결핍을 내포하지 않는다. 완전히 다를 것이다. 양자 생각이 도약한 이런 기반에서 나온 존재 상태는, 그 요동 속에서 어마어마하게 크게 바뀔 것이다. 당신 삶의 사람, 사물, 장소, 시간, 사건들과 그것을 구성하는 입자들은 이제 끊임없이 요구해대는 클라이맥스를 먹여 살리던 그것으로서 거기에 없을 것이다. 결핍이 이제 지혜로 바뀌었기 때문에, 평행 존재 상태 안의 사람, 사물, 시간, 장소, 사건들과 그것을 구성하는 입자들 역시 바뀔 것이다. 그리하여 그 속에서 작용하던 자력의 역학도 변경되었다.

자, 이제 우리는 지혜로운 사람들이 되어 살아가기 시작한다. 우리의 변화를 통해 우리가 창조한 것을 너무나 선명히 볼 수 있는 삶을 우리는 살아가기 시작한다. 우리가 그런 감정들을 지혜로 승인하면 할수록, 평행 현실과 시프트하는 양자 상태는 더욱 완전해진다. 그리고 단 한 생에서 이러한 과학을 완전히 이해하는 것이 가능하다.

핵심은 두뇌 역점화 逆點火

우리 생에 이기적인 클라이맥스를 우리는 얼마나 많이 창조했었나? 또한 얼마나 자주 우리가 창조한 것이 스스로 재생하거나 스스로 생각하거나, 혹은 우리로부터 자유로워지도록 허용해 주지 않았었나? 우리는 얼마나 많이 그것을 컨트롤해야 했고, 얼마나 많이 그것을 창살 안에 가둬야 했고, 또 그렇게 함으로써 클라이맥스를 유지할 수 있었나? 우리는 이 질문에 답할 말이 많다. 이제 우리에게는 깜박이는 빛이 있다. 그리고 그 빛은 그러한 깨달음―충분히 갖추어졌고 충분히 근거가 있는 참으로 훌륭한 지식―이 어떻게 우리 두뇌 내 하나의 신경망이 되는지 알 수 있게 해 준다. 만약 그 깜박이는 빛이 태도라는 섬들에 해답을 점화하고 있는 것이라면 그 때 그 빛은, 섬들이 더 이상 그들 고유의 것에 작용하지 않으나, 경험이라는 물질 속으로 다시 들어오는 다리를 창조했던 바로 그 지식이다.

그런 위대하고 심원한 지식을 깨달은 한 학생이, "나는 그런 시프트들을 가능하게 하고, 현실이 어떻게 시프트했는지, 이전의 한 상태에서 새로운 상태 속으로 가는 상호 작용이 어떻게 다른지 즉시 알 수 있는 훈련, 그 핵

평행 현실: 양자장의 요동

심을 안다", 이렇게 말할 수 있는 것이 단 한 생에 가능하다. 그런데 과연 우리가 이전 상태를 컨트롤하는 걸 포기할 수 있을까? 포기해야 한다. 우리는 그렇게 해야 한다. 이전 상태를 포기한다는 것은, 지혜를 내 것으로 만드는 것, 감정을 내 것으로 만드는 것, 그 감정을 보내 주는 것, 그 감정이 지닌 가치를 아는 것, 그리고 다시는 그 감정을 되풀이하지 않는 것, 이미 구현된 운명의 재료로 쓰기 위해 그 신경망을 독자적으로 점화하는 것을 다시는 허용하지 않는 것과 같다. 우리가 왕겨들 속에서 밀알을 분리해내는 곳이 바로 여기이다.

그러한 과학의 심원한 표현 안에서 이런 지식이 주어진 자들, 미지의 것을 진정으로 경험하고자 하는 열정을 가진 자들은 사라지거나 증발되지 않아도 된다. 그들이 필요한 것은 오로지, 생각하는 행위가 '기계적인 반복'이 되도록 연습하는, 준비된 훈련에 그 지식을 활용하는 것뿐이다. 이 때 기계적인 반복은 그 속에 현재 양자 요동을 품고 있는 새로운 상태를 말한다. 우리는 이제 새 삶을 가졌고, 결핍 없이, 정복 없이, 클라이맥스 없이 사람, 장소, 사물, 시간, 사건들을 경험하고 있는 중이다. 우리는 새롭게 배워야 할 다음 감정으로 넘어간다. 그 곳에서 우리가 그 감정을 아주 똑똑히 볼 수 있을 때, 그 감정은 새로운 평행 현실에서 우리가 처리해야 할 유일한 감정이 될 것이다. 그리고 그것은 명명 백백하다. 계속 일관되게 누르는 버튼이 될 것이다. 이제 그 곳에 살지 않는 오래된 법칙과 오래된 감정들 대신, 우리가 살아가면서 눌러야 할 버튼일 것이다. 그것은 이제 새로운 상태이다. 한 번도 경험하지 못한 것을 경험하려는 우리의 열망은, 우리에게 새로운 평행현실로 시프트하는 것에 대한 정당성을 부여해 준다.

선천적인 감정은 새로운 경험에서 생기는 어떤 것이 아니다. 우리 상태는 우리 것으로 만들지 못한 다른 어떤 것과 함께 요동하고 있다. 그 상태는 타고난 고유한 감정적 태도가 함께 딸려 나오기 때문에 우리는 그것을 보게 될 것이고, 우리가 그것에서 떨어져 나와 그것이 무엇인지 알 수 있을 때, 우리는 그것을 우리 것으로 만들 수 있다. 의식과 에너지는 현실의 본질을 창조한다. 우리는 우리의 생각하는 행위를 기계적인 반복을 통해 훈련할 것이다. 그리고 우리가 생각하는 모든 것을, 새로운 패러다임으로 진정 새로운 현실로의 시프트로 나타내고 구현할 것이며, 거기에는 뻔한 것들은 하나도 없다. 이제 우리는, 우리 클라이맥스를 얻기 위해 다른 사람들을 이용하는 곳인 우리의 이 감정체를 온전히 유지하는 대가를 치르지 않고, 비범함의 자원들을 획득할 수 있는 깊은 숙고를 통해 이해한, 이동이 자유롭고 확장하는 삶을 이해하는 첫걸음에 있다. 우리는, 죽지 않고, 그리고 한 때 물질로 덩어리지어야 했던 그 자원들이 이제 하나의 당연한 환경이 될 수 있는, 이러한 시프트하는 현실 속에서 알 것이다.

그 곳에서 나와 우리는 어디로 가나? 내가 훌륭한 여행에 당신을 데리고 가고 있나? 당신들에게 말하겠는데, 모든 잠재적 상태들, 모든 개연성 있는 상태들인 양자 세계 안에서, 모든 상태들을 일제히 막고 있는 유일한 것은 관찰자의 관찰과 현재 상태의 측정이라는 것을 과학자들은 안다. 그것이 당신이 평생 동안 해왔던 것이다. 감정이 없으면 어떻게 될까? 더할 나위 없는 지복至福bliss만이 있게 된다. 그리고 완전히 다른 고정된 양자 상태를 가진다. 그것은 얼마나 역동적일까? 새로운 생에는 짊어진 짐이 없다. 그러니 새 삶에는 빚이 없다. 생각이 이 삶으로 들어오면, 생각을 즉시 경험하게 된다. 그때 그 삶은 양자 요동을 겪는다.

평행 현실: 양자장의 요동

　새로운 생각은 어디에서 생기나? 만약 우리가 혼의 양자 상태 패턴을 완성하고, 모든 반회전half-spin하는 입자들을 하나의 완전한 상태로 용인한다면, 그 땐 어떻게 될까? 몇 년 전 차원적인 마음[12]을 공부할 때, 두뇌의 뉴런이 양자 장에 실제로 펼쳐지도록 해주는 −당신이 덕을 수 있는 환각제가 아닌− 피노라인pinoline의 영향 아래 있는 부위가 우리 두뇌 안에 있다고 당신들에게 이야기해 주었다. 이는, 작디 작은 아주 조그맣고 물기 많은 뉴런들이 양자 장 속으로 펼쳐지는 때인, 깊은 수면 상태에서 일어나는 일이다. 당신은 그것이 어떤 양자 장 속으로 펼쳐진다고 생각하는가? 해리의 양자 장으로? 제인의 양자 장으로? 아니면 당신의 양자 장으로? 수면을 통해 몸을 재구성하는 작업을 지속하기 위해, 두뇌에게 그것뉴런들이 양자 장에 펼쳐지는 것을 말해 주는 것은, 다름 아닌 혼이다. 그런 뉴런들이 똑같은 역동적인 양자 장에 실제로 펼쳐진다. 그렇게 하기 때문에, 깨어 있는 상태 상의 그 역동적인 장의 패턴은, 우리가 어떻게 생각하는지 그 원인을 나타내는 패턴이 된다. 이러한 뉴런들이 두뇌 전체와 사고 과정에 정합한 개념을 넘어서는 새로운 생각을, 우리는 창조하지도 생각하지도 못한다. 그래서 지금 당신은 나에게 다음과 같은 질문을 한다. 왜 깨달은 스승이 필요합니까? "나를 따라 노래하라. 나는 별이 되는 길을 가고 있다."

　두뇌가 몸을 회복시키는 밤마다, 두뇌의 이 부위는 그 양자 상태 속으로 곧장 용해되고, 양자 상태 안에서 이러한 뉴런들이 프로그래밍된다. 깨어 있을 때, 당신은 당신 삶의 자극들에 생각하고 반응하지 않을 수 없다. 당

---

[12] 차원적인 마음 5, part 1 (Dimensional Mind V, part I) : 두뇌는 어떻게 현실을 창조하는가. 오디오 CD 9227번(Yelm: Ramtha Dialogues, 1992)을 참고하라.

신 삶은 당신의 양자 상태이고, 완결에 대한 절박함이기 때문이다. 아무도 진정으로 문제를 해결할 수 없었다. 그들은 상태 안에서 움직일 수 −그들은 교회에 갈 수 있고, 상담을 받으러 갈 수도 있다− 있으나, 그들이 진정으로 바뀌는 일은 절대로 없다. 그들은 양자 장 안에서 요리조리 움직일 뿐이다. 예를 들어, 우리한테 양자 요동이 있으면, 뉴런은 그 현실이 만들어졌던 방식과 똑같이, 두뇌가 현실을 인지했던 방식을 재정비한다. 그리고 나면 무언가 변한다. 그 변화는 마음이 바뀌었다는 것이고, 양자 상태가 바뀌었다는 것이다. 그 때 뉴런은 역점화reverse-fire되어 정보를 싣는다. 이러한 뉴런들 내에서 일어나는 모든 양자 상태 요동은 두뇌로 역점화한다. 마치 그 양자 상태가 현상 유지를 위해 두뇌로 역점화하는 것처럼. 하지만 지금 우리는 하나의 변화를 가진다.

이것이 왜 중요할까? 왜냐하면 역점화 없이는, 양자 세계로 펼쳐지도록 하는 두뇌의 이 능력이, 양자요동도 변화도 일으킬 수 없기 때문이다. 사고 과정 메커니즘, 실현 가능성 있는 에너지화된 생각들로 의식을 처리하는 메커니즘−바로 두뇌 그 자체와 두뇌의 본질−은 바뀌어야 한다. 그 메커니즘의 본질은 역점화하는 이러한 양자 요동에 의해 바뀐다. 완전히 다른 색조로 두뇌에 자리잡는다. 그러면 새로운 현실은 과거 이전 상태에서 그랬던 것처럼, 두뇌의 관점에서 정확하고 바르게 인지될 것이다. 우리가 만약 계속 변하는 중이라면, 이 뉴런은 그 새로운 삶에 대한 인지적 자각이 있는 두뇌 능력으로 시프트하는, 역점화를 하고 있는 것이다.

우리가 우리 마음의 맥락 속에서 우리 자신을 아는 것이 대단히 중요할 뿐 아니라, 그 관점으로 우리 자신을 알아 가는 과정 속에서, 우리는 우리에게 이미 주어진 삶과 신의 왕국을 이해할 수 있다. 그 말은 우리에게 삶이 주어졌다면 우리가 죽을 거라는 것이고, 우리는 곧 사라질 꿈이라는 뜻이다. 우리가 사라질 꿈이 되지 않을 유일한 길은, 세상이 분리 가능하다는 것과 감정체 안의 당신은 난공불락이라는 것 정도의 현실 공식 메커니즘을 아주 완벽하게 이해하는 것이다. 그러면 당신의 가장 위대한 클라이맥스는, 우리가 왜 여기 있고, 여기 있는 우리는 어떤 존재이고, 우리에게 무엇을 기대하는지와 관련하여, 당신이 글로벌하고 인도주의적이고 늘 유념하는 신과의 관계를 정립하는 것이다.

우리가 그것을 알면, 그 때 우리가 보고 또 다른 사람들을 통해 보는 관점에서의 세계는 우리의 도덕성을 시험하는 시험대가 아닐 것이다. 우리는 그 시험대에 앉지 않아도 될 것이고, 우리 마음에서 유혹을 차단하지 않아도 될 것이다. 그것은 절대로 필요 없을 것이다. 우리는 절대로 우리 자신을 팔 수 없을 것이다. 다시는 사람들이 우리를 사랑하도록 그들이 우리를 설득하는 것을 우리가 허용하는 입장에 우리 자신을 두지 않을 것이다. 우리는 절대로 유용한 상품으로 그 입장에 있지 않을 것이다. 그런 비슷한 어떤 처지나 입장에 처하는 일이 우리에게 이제 다시는 없을 것이다. 그리하여 사람, 사물, 장소, 시간, 사건들로 이루어진 세계의 ─아름다운 남자들, 아름다운 여자들, 못생긴 여자들, 못생긴 남자들, 색깔, 형태, 문화, 활동성─ 그 어떤 것도 이제 더 이상 클라이맥스를 얻기에 좋겠다 싶은 마음으로 보지 않을 것이다. 이 모든 것들은 하나의 위대한 앎으로 용인되고, 그 앎은 우리로 하여금 신에게 다가가도록 해준다.

신은 어떻게 무에서 유를 창조할까? 우리는 어떻게 이것을 한 생에 이룰 수 있을까? 시프트를 하면 할수록 우리가 점점 더 젊어지거나 아예 노화가 멈추는, 이 시프트하는 삶을 지속할 능력과 속성을 우리는 가지고 있을까? 이러한 시프트가 200년이나 오랜 시간 동안 이어질 수 있을까? 당신이 이를 뉴욕의 셀러브리티들이 한 때 품기 쉬운 희망사항일 뿐이라고 말한다면, 나로서는 생각이 좀 다르다. 이는 모든 인간의 마음과 모든 인간의 생이 누릴 수 있는, 이루 헤아릴 수 없는 경험과 가능성들이 지닌 하나의 근본적인 속성이다. 우리는 그것을, 가장 무미건조하게 표현해서 '신의 왕국'이라 부른다.

우리 삶을 바꾸지 못하는 우리의 무력함은 우리가 이것을 물질에서 물질로 바꿔야 한다고 생각하는 데서 나온다. 허나 현실에서 그것은 마음에서 바뀌어야 한다. 우리가 그렇게 할 때, 우리는 진정으로 시프트를 경험한다. 우리는 위대한 전사戰士가 되어 우리의 중독을 바라보아야 하고, 그 중독을 희망적인 어떤 입장에서가 아니라, 창조 자체가 존재가 되는 방식 — 신, 이미지의 명확한 표현, 태도, 그런 다음 이미지 되기, 떼어 놓기, 감정으로부터 자신을 분리시키기 —, 정말 그것과 똑같은 방식으로 하나하나 그것중독을 찾아내기 시작해야 한다. 그러면 당신은 자유다.

무한한 가능성을 지닌 양자의 고정된 상태를 역점화하는 두뇌의 능력은 이 곳, 람타 깨달음 학교에서 완성시킬 수 있다. 그것을 이룰 핵심은, 지식을 찾아 떠나는 모험을 하고자 하는 열망이다. 리스트 훈련[14]은 이제 부

---

13 리스트 훈련은 람타가 학생들에게 가르친 훈련법으로, 자신들의 삶 속에서 되고 싶거나 경험하고 싶은 것을 선택하여 적은 목록에 포커스하는 훈련이다. 파이어 사이드 시리즈 1-2 〈 운명의 현실 변화 〉 (Yelm: JZK 출판, 2001) 참고. 제이지 나이트와 람타가 가르친 이웃걷기 훈련은 리스트 훈련의 진화된 버전이다.

평행 현실: 양자장의 요동

담스런 의무가 될 수도 있고, 자신의 생각을 훈련하는 하나의 도구가 될 수도 있다. 그리고 그런 훈련을 하면서 우리는 그런 시프트, 패러다임 시프트들, 그런 평행 현실을 창조한다. 우리는 영원히 죽지 않을 수 있을까? 바로 오늘 우리의 노화를 지금 당장 멈추도록 할 수 있을까? 지금Now—과거도 없고 현재도 없고 미래도 없지만 그럼에도 과거 현재 미래이다—이라 불리는 그 궁극의 역학 속에 우리가 지속적으로 펼쳐지면, 우리가 결코 죽지 않는 그런 방식으로 양자 현실을 시프트하는 것이 과연 가능할까? 우리는 절대 죽지 않는다. 이것이 바로 머나먼 동양의 마스터들이 가진 신의 양식이자 그들이 소유한 지식이다.

그래, 이제 당신은 뭘 할 텐가? 계속해서 클라이맥스를 얻으려고 하는 당신의 결핍이 당신을 다그치도록 내버려 둘 건가? 아니면 그것을 중단시킬 건가? 삶의 여러 활동들을 중단하고, 당신 마음 속에 가장 유혹적이고, 합일한 감정의 경험을 데려와, 합일하여 그것을 창조하고, 그것을 불 속에다 집어 넣고, 그 불꽃에서 물러나 자유로워질 텐가? 그렇지 않으면 그냥 죽을 텐가, 당신이 이미 가지고 있는 양자 상태가 그렇다는 이유로?

내가 당신이라면 —당연히 나는 당신이 아니다— 나는 이 정말로 작디 작은 양자 세계에 대한 공부를 계속 할 것이다. 그리고 나는 당신이 늘 괴롭힘을 당하고, 징징대고, 불평하는 당신의 그 유혹적이고 악명 높은 결핍들의 협조 하에 공부할 것이며, 그리고 나는 마침내 처음으로 그것을 인정할 것이다. 희생자도 없고 인질도 없다. 다만 진리가 있을 뿐이다. 당신이 진정으로 현명한 사람이라면, 숙고 역시 양자 관찰에서 핵심이기 때문에 당신은 그것을 할 것이다. 우리가 어떤 사람인가에 관해 숙고함에 따라, 단순한 숙고만으로 변화와, 밝음 그리고 빛남을 우리 존재에게 가져다 주는 양자 요동을, 우리는 우리의 양자 상태 밖으로 역점화하고 있는 것이다. 만약 당신이 이 비할 데 없이 숭고한 가르침을 당신 삶에 하나도 적용하지 않는다면, 당신은 당신 몸이 사라질 때까지 당신이 하고 있는 모든 것이 당신 삶을 고갈시키는, 그 동결된 상태에서 살아가는 것이 마땅하다.

더욱 원숙하고 지혜로워지기 위하여
지혜의 샘물을 마시고 목마름을 해소하기 위하여
인생을 위하여
So Be It.

-----람타

에필로그

이 모든 일이 어떻게 시작되었나.

"다시 말해, 그의 모든 관심은
당신이 놀라운 사람이 되도록 이 곳에서 가르치는 것입니다."

제이지 나이트

Fireside Series, Volume 3, No. 3

내 이름은 제이지 나이트입니다. 그리고 나는 내 육체의 합법적 주인입니다. 람타와 나는 두 명의 다른 사람이며, 두 명의 다른 존재입니다. 우리 둘은 하나의 같은 현실을 공유하는데, 그것은 나의 육체입니다. 비록 우리의 모습이 비슷하게 보일지라도 똑같은 것은 아닙니다.

나는 아주 어릴 때부터 머릿속에서 말하는 목소리를 들어왔습니다. 나에게는 놀라운 일들이 많이 일어났으며, 그런 것들을 당연하게 여기며 살았습니다. 참으로 다행스럽게도 어머니는 사이킥 능력이 있는 사람이었고 그녀는 내가 보는 것들에 대해 절대 꾸중하지 않았습니다. 나는 평생 경이로운 경험들을 했지만, 가장 중요한 경험은 하느님에 대한 깊고 심오한 사랑이었으며 그것이 무엇인지 이해하여 그 사랑이 나의 일부가 되었다는 것입니다. 나이가 들어 교회에 다니게 되면서, 종교적 교리에 맞게 하느님을 이해하려고 노력했지만 내가 느끼고 아는 하느님과는 많이 달랐기에 무척 힘들었습니다.

람타는 내가 태어날 때부터 나와 함께 하였습니다. 항상 나와 함께 하는 훌륭한 힘이 있다는 것을 알았지만 그가 누구였으며, 무엇이었는지에 대해서는 전혀 알지 못했습니다. 내가 힘들 때 —나는 아주 힘든 성장기를 보냈습니다— 마다 나에게 말을 거는 이 존재와 함께 항상 경이로운 경험을 하였습니다

에필로그- 제이지 나이트의 '이 모든 일이 어떻게 시작되었나.'

다. 우리가 대화할 때 서로의 말을 정확하게 들을 수 있듯이 나는 람타의 말을 정확하게 들을 수 있었습니다. 람타는 내 인생에서 보통 사람들에게서 듣는 조언과는 아주 다른 많은 것들을 알게 해 주었습니다.

그가 실제로 내 앞에 모습을 드러낸 것은 나와 남편이 부엌에서 피라미드를 만들고 있었던 1977년 어느 일요일 오후였습니다. 우리는 하이킹과 배낭여행을 자주 했기 때문에 음식도 말리고 있었습니다. 그때 나는 내가 만든 엉성한 피라미드 모양의 모자를 머리에 쓰고 있었는데 갑자기 부엌 한구석에 2미터가 넘는 키에 온몸에서 찬란한 빛이 나는 존재가 나타났습니다. 그는 아름답고 강렬했습니다. 당신은 오후 2시 반에 부엌에서 이런 일이 일어날 것이라고 절대 예상하지 못할 것입니다. 어느 누구도 그러한 일을 받아들일 수 없을 것입니다. 그렇게 람타는 그 시간에 자신의 모습으로 나타났습니다.

나는 그가 어디에서 왔는지 몰랐습니다. 내가 그에게 처음 했던 말은, "당신 정말 아름답군요. 누구시죠?"라는 것이었습니다. 그는 환하게 웃고 있었습니다. 그의 외모는 굉장히 멋졌습니다. 그는 "나는 람타이다. 나는 너를 시궁창에서 건져주기 위해 여기에 왔다."라고 말했습니다. 순진하게도 그때 나는 바닥에 무슨 일이 일어났거나 폭탄이 떨어진 줄 알고 얼른 부엌 바닥을 쳐다보았습니다. 그날 이후 그는 내 삶에 계속 나타났습니다. 그리고 그 해 1977년에 아주 재미있는 일들이 많이 일어났습니다. 남편은 물론 어린 두 아들까지 람타를 만나 여러 가지 신기한 경험을 했습니다.

그 해 말 그는 자신이 누구인가에 대해서 힘들게 나를 가르치고 납득시킨 후, 어느 날 나에게 말했습니다. "나는 러너runner-용어해설 참고를 통해 너에게 책을 보낼 것이다. 그 책을 읽으면 내가 누구인지 좀 더 이해할 수 있을 것이다." 그것은 「초인들의 삶과 가르침을 찾아서」베어드 T. 스폴딩 지음 정신 세계사 출판라는 책이었습니다. 그 책을 읽은 후에야 람타가 책에 나오는 대사들과 같은 존재라는 것을 알게 되었으며, 그가 악마인지 아니면 하느님인지에 대한 오랜 고민에서 벗어날 수 있었습니다.

람타를 알게 된 후, 그는 오랫동안 우리 집 거실에 자주 나타났습니다. 2미터 10센티미터가 넘는 아름다운 존재가 편하게 소파에 앉아 나에게 말을 하고 가르쳤습니다. 그는 내가 어떤 질문을 어떻게 할 것인가를 이미 알고 있었지만 그가 알고 있다는 것을 그 당시에는 몰랐습니다.

1977년 이후 그는 무엇이든 편하게 질문할 수 있도록 참을성 있게 나를 대했습니다. 나는 그에 관한 질문이 아니라 신으로서의 나 자신에 대해 많은 질문을 했으며, 그는 자상하고 친절하게 답해주었습니다. 내가 종교적인 교리나 한계에 빠질 때마다 스스로 그것들을 깨닫고 빠져나올 수 있도록 가르치고 잡아주었습니다. 그럴 때마다 나는 그에게 말했습니다. "당신이 아주 참을성이 많고 자상하다는 것을 아세요?" 그러면 그는 웃으면서 자신이 3만 5천 살인데, 그 많은 시간 동안 너라면 무엇을 할 수 있었겠느냐며 되묻곤 했습니다. 내가 어떤 질문을 할 것인가를 그가 이미 알고 있었고, 그가 왜 그렇게 참을성이 많았는지 알기까지 10년이란 세월이 걸렸습니다. 그는 위대한 스승으로서 이러한 문제들을 스스로 다룰 수 있게 나에게 기회를 준 것이었습니다. 그는 거만하지 않고 우아하게 말했으며, 진정한 스승답게 나 스스로 모든 것을 깨달을 수 있게 하였습니다.

에필로그 - 제이지 나이트의 '이 모든 일이 어떻게 시작되었나.'

　1979년 말부터 람타를 채널링한 일은 나에겐 아주 특별한 경험이었습니다. 람타는 2미터가 넘는 거구였으며, 항상 가운처럼 생긴 두 겹의 긴 옷을 입고 있었습니다. 매번 같은 옷을 입었음에도 아주 아름다워 전혀 질리지 않았습니다. 안에 걸친 가운은 눈처럼 하얀색으로 발끝까지 내려왔으며 그 위로 보라색의 또 다른 가운을 입었습니다. 자세히 보면 그것들은 옷감이 아니라 빛으로 만들어졌다는 것을 당신은 알 수 있을 것입니다. 투명한 빛이었지만 그것은 실제 옷처럼 보였습니다.

　람타의 피부색을 가장 정확하게 표현한다면 계피색이라고 할 수 있습니다. 갈색도 아니고 흰색도 아니며 그렇다고 붉은색도 아닙니다. 이것들을 모두 합친 색이라고 할 수 있습니다. 그는 사람을 꿰뚫어보는 아주 깊고 까만 눈을 가졌으며, 그와 눈을 마주친다면 그가 당신의 모든 것을 꿰뚫어 본다는 사실을 알게 될 것입니다. 그의 눈썹은 마치 새의 날개가 이마 위에 있는 것처럼 보였습니다. 그는 견고한 턱과 아름다운 입술을 가지고 있으며, 행여 그가 웃을 때면 당신은 자신이 천국에 있다고 느낄 것입니다. 그의 손과 손가락은 아주 길었으며 자신의 생각을 표현할 때 자주 사용했습니다.

　그가 내 몸에서 나를 실제로 빼내 터널 속으로 던져 버리면, 빛 기둥에 부딪혀 다른 세상으로 갔다 돌아온다고 —아이들은 학교에서 돌아올 시간이고 나는 겨우 아침 설거지를 끝냈을 뿐이라는 것을 알아차리며— 상상해 보십시오. 이처럼 이곳의 시간을 잃어버리는 것에 익숙해지기는 무척 힘들었습니다. 나는 내가 무엇을 하며 어디에 가는지 이해하지 못했습니다. 그래서 우리는 많은 실습 훈련을 했는데, 오전 10시에 람타에 의해 유체 이탈한 후 흰 벽에서 나와 이 세상으로 다시 돌아오면 이미 오후 4시 30분이 되어 있었습니다. 이렇듯 나는 이곳에서 잃어버린 시간을 조정하기 위한 실제적인 문제를 갖고 있었습니다. 그것은 아주 재미있고 즐거운 경험이었지만 가끔은 아주 무서웠습니다. 람타가 당신을 몸에서 빼내 천장으로 내던진 후, "자 무엇이 보이는가?"라며 터널 속 —그것을 표현하기에 가장 좋은 것은 다른 차원으로 가는 블랙홀일 것입니다— 으로 던져 넣어 흰빛기둥에 부딪혀 당신이 기억을 잃는다고 상상해 보세요.

그는 내가 이 세상에 태어나기 전에 이미 하기로 약속했던 일을 가르치면서 나를 준비시켰습니다. 이 생에서의 나의 운명은 결혼하고 아이를 낳아 평범하게 살아가는 것이 아니라 역경을 극복하고 이전에 이미 일어나기로 계획된 일들이 일어나도록 하는 것이며, 그리고 그 일은 람타라는, 경이로운 의식과 함께 하는 것입니다.

람타에게 어울리는 옷을 입는 일은 쉽지 않았습니다. 정말 어떻게 해야 할지 몰랐습니다. 채널링을 처음 시작했을 때 나는 교회에 가는 것처럼 생각하며 정장을 하고 하이힐을 신었습니다. 그러나 람타에 대해 조금이라도 안다면, 그가 정장을 하고, 그의 생에서 한 번도 신어보지 않았던 하이힐을 신은 모습이 어땠을지 상상할 수 있을 것입니다.

내가 람타가 아니며 우리가 전혀 다른 존재라는 것, 그리고 당신이 이 육체를 가진 나와 이야기할 때 당신은 나와 대화를 하는 것이지, 그와 하는 것이 아니라는 것을 사람들에게 이해시키기가 무척 어려웠습니다. 인간이 신성한 마음을 가지고 있고 그것은 육체로부터 분리될 수 있다는 것에 대해서 사람들이 이해하지 못했기 때문에 처음 10여 년 동안 매스컴을 상대하기가

에필로그- 제이지 나이트의 '이 모든 일이 어떻게 시작되었나'

무척 어려웠습니다.

　당신이 내 몸에 있는 람타를 본다 하더라도 이것은 여전히 나의 육체이며 그는 나와 전혀 다르게 생겼다는 것을 알아야 합니다. 그가 내 몸을 빌려 당신 앞에 나타난다 하더라도, 그의 위대한 힘과 능력이 줄어드는 것은 아닙니다. 사람들은 람타가 한 말에 대해서 자주 나에게 질문하지만, 내 몸을 떠나면 나는 인식할 수 없는 완전히 다른 시간대와 장소로 가기 때문에, 그들이 무슨 말을 하는지 전혀 알지 못합니다. 그가 당신과 아무리 오랜 시간을 보냈다 해도 나에게는 단지 3~5분처럼 느껴집니다. 내가 내 몸에 다시 돌아왔을 때, 하루가 지났어도 나는 그 하루의 어떤 시간도 보내지 않은 것입니다. 그가 당신에게 무슨 말을 했는지 듣지 못했으며, 그리고 그가 여기에서 무엇을 했는지 알지 못합니다. 내 몸은 지칠 대로 지쳐 있어, 나 자신을 추스르거나 옷을 갈아 입기 위해 계단을 올라갈 힘조차 남아 있지 않습니다.

　람타는 다른 사람들이 보거나 꿈조차 꾸지 못하는 놀라운 것들을 자주 보여 주었습니다. 덕분에 23번째 우주도 보았고, 특별한 존재들과 만나 생명이 태어나 사라지는 것도 보았습니다. 우리 세대의 사람들이 태어나서 살다가 죽어가는 것도 한 순간에 보았습니다. 역사적인 사건들을 직접 목격함으로써 그것들을 좀 더 상세하고 정확하게 알 수 있었습니다. 나는 다른 생에서의 내 육체 옆을 걸으며 그가 누구였는지 어떻게 하는지 볼 수 있었고, 사후 세계 또한 보았습니다. 이러한 경험들은 나에게 아주 귀하고 소중한 것이며, 살아가면서 그러한 것들을 볼 수 있다는 것은 진정한 축복이라고 생각합니다. 내가 보고 경험한 것들이 다른 사람들에게는 이상하게 들릴 것입니다. 그러한 곳을 전혀 가본 적이 없는 사람들에게 최선을 다해 설명한다 해도 그들을 이해시키기란 쉽지 않기 때문입니다.

나는 람타가 채널링이라는 방식으로 학생들을 가르치는 이유를 알고 있습니다. 어느 누구도 자신의 그늘 밑에 가려지기를 원치 않기 때문입니다. 다시 말해, 그의 모든 관심은 이곳에서 당신이 놀라운 사람이 되도록 가르치는 것입니다. 그는 이미 놀랄만한 존재이며 이것은 그가 신기한 현상을 일으키는 것에 관한 것이 아닙니다. 그렇지만 그가 당신에게 러너를 보낸다고 말했다면, 당신은 정말 그것들을 경험하게 될 것입니다. 이것이 그가 당신 앞에서 어떤 특별한 재주나 묘기를 보이려 했음을 의미하진 않습니다. 그러한 것은 그가 하려고 하는 일이 아닙니다. 그는 사람들이 자신을 숭배하거나 혹은 구루가 되기를 원하는 다른 신의 화신들과는 다릅니다.

그러므로 이제 일어날 일은 그가 당신을 가르치고 훈련하게 하여 경이로운 현상을 창조하도록 하는 것이며, 당신은 그것을 할 수 있을 것입니다. 그래서 어느 날 당신이 원하는 것을 자유자재로 구현할 수 있을 때, 자유자재로 유체 이탈하고 모든 이를 있는 그대로 사랑할 수 있을 때, 그리고 다른 사람들이 할 수 없는 일들을 마음대로 할 수 있을 때, 그는 당신의 삶에 홀연히 본연의 모습으로 나타날 것입니다. 그것은 당신이 그가 갖춘 능력을 공유할 수 있는 준비가 되었기 때문입니다.

만일 당신이 람타의 가르침에 관심이 생기고, 비록 볼 수는 없어도 그를 사랑하기 시작했다면 이것은 좋은 징조입니다. 왜냐하면 당신의 혼이

에필로그- 제이지 나이트의 '이 모든 일이 어떻게 시작되었나.'

당신에게 중요한 것을 이번 생애에 펼치라고 재촉하는 것이기 때문입니다. 어쩌면 이것은 기존에 형성된 당신의 신경망과는 전혀 다른 것일지도 모릅니다. 당신의 인성이 당신과 싸우고 논쟁하겠지만, 당신의 혼이 그러한 경험을 하라고 재촉할 때 왜 그래야 하는지 당신은 명확하게 알게 될 것입니다.

당신이 하고자 하는 것이 바로 이것이라면, 당신은 인내심을 가지고 집중해서 이 일을 해야 합니다. 처음에는 무척 어렵겠지만 끈기 있게 이 일을 계속한다면, 어느 날 이 스승이 당신을 완전히 바꿀 것입니다. 어느 날 당신은 신화나 전설에 나오는 마스터들이 했던 경이로운 일들을 할 수 있는 능력을 갖게 될 것입니다. 당신은 그런 일들을 할 수 있을 것입니다. 이것이 바로 당신의 여정이기 때문입니다. 또한 궁극적으로, 그러한 능력은 인간의 형상 안에 실제 존재하는 하느님을 깨우는 것입니다.

이제 이것은 나의 여정이며 내 인생 전체의 여정이 되었습니다. 만일 이 일이 중요하지 않았다면 그리고 만일 이 일이 아니었다면, 그저 뉴에이지 경험을 하기 위해 온 소수의 사람들을 위해 내 삶의 대부분을 무의식 상태로 살지 않았을 것입니다. 이것은 뉴에이지와는 비교할 수 없는 위대한 경험입니다. 이것은 명상이나 요가보다 더욱 중요한 것입니다. 이것은 삶의 모든 부분에서의 의식 변화에 관한 것이며 우리의 마음을 무한하게 하는 것에 대한 것입니다. 그리하여 우리는 되고자 하는 모든 것이 될 수 있습니다.

내가 배웠던 것은 우리는 단지 우리가 보여줄 수 있는 능력만 보여줄 수 있다는 것이며, 당신 또한 이것을 알아야 합니다. 만일 당신이, 이러한 것을 알지 못하게 막는 것이 무엇인가 묻는다면, 우리가 가진 유일한 장벽은 의심하는 신경망 앞에서 자신을 믿고, 허용하고, 마음을 비우지 못하는 우리의 무능력이라고 말하겠습니다. 그러한 의심을 극복하고 자신을 온전히 믿는다면 당신은 새로운 돌파구를 찾을 수 있을 것입니다. 왜냐하면 당신의 유일한 장애는 의심이기 때문입니다. 그러면 어느 날 당신도 나처럼 내가 보았던 모든 것들과 내게 보였던 모든 것들을 볼 수 있을 것입니다.

나는 다만 내가 존재한다는 것과 내가 하는 일을 사랑한다는 것을 여러분에게 보여주기 위해 이곳에 나오기를 원했습니다. 여러분이 람타를 스승으로 삼아 배우기를 원합니다. 무엇보다도 중요한 것은, 여러분이 계속 배우는 것입니다.

---- 제이지 나이트

용어 해설

Analogical. 아날로지컬/합일된(한)
합일한다는 것은 지금 이 순간Now에 살고 있음을 뜻합니다. 이것은 창조의 순간이며, 시간, 과거, 감정으로부터 벗어나 있습니다.

Analogical mind. 아날로지컬 마인드/합일된(한) 마음
아날로지컬 마인드는 하나의 마음을 말합니다. 이는 1차 의식과 2차 의식/관찰자Observer와 퍼스널리티personality가 합일한 결과입니다. 우리 몸에 있는 4번째, 5번째, 6번째, 그리고 7번째 씰seal은 이러한 마음의 상태에서 열립니다. 인체를 감싸고 있는 두 개의 밴드 중 바깥의 밴드가 뒤집어지면서, 마치 큰 바퀴 속의 작은 바퀴가 구르듯 밴드가 서로 반대 방향으로 도는데, 이 때 전두엽에 있는 생각들이 굳어지고 구현되게 하는 강력한 소용돌이vortex를 창조합니다.

Bands, the. 밴드
밴드는 인체를 감싸고 잡아주는 7가지 주파수를 가진 띠, 2개를 말합니다. 각 밴드에 있는 7가지 주파수 각각은 인체에 있는 의식의 7가지 차원의 7개의 씰seal과 일치합니다. 밴드는 바이너리 마인드Binary mind와 아날로지컬 마인드를 수용하는 오라장auric field입니다.

Binary mind. 바이너리 마인드
이것은 두 개의 마음을 말합니다. 이는, 우리의 깊은 잠재적 마음과 교류하지 않는 물질적 육체와 인성human personality의 지식을 이용함으로 인해 생산되는 마음입니다. 바이너리 마인드는 1번째, 2번째, 3번째 씰과 대뇌 신피질의 지식, 감각, 사고 처리 과정에만 의존합니다. 4번째, 5번째, 6번째, 7번째 씰은 이 마음의 상태에서는 닫힌 채로 있습니다.

Blue Body®. 블루 바디
이것은 존재의 4번째 차원, 연결 의식, 자외선 주파수 밴드에 속한 몸입니다. 블루 바디는 라이트바디와 물질계 위에 존재합니다.

Blue Body® Dance. 블루 바디 댄스
이는 학생들의 의식적 자각을 4차원 의식으로 상승시키도록 하기 위해 람타가 가르치는 훈련입니다.

이 훈련은 우리가 블루 바디에 접근하도록 해주고, 4번째 씰이 열리도록 해줍니다.

Blue Body® Healing. 블루 바디 힐링
이것은 물질적 몸의 치유와 변화를 목적으로, 의식적 자각을 4차원 의식과 블루 바디로 끌어 올리기 위해 람타가 학생들에게 가르치는 훈련입니다.

Blue webs. 블루웹
블루 웹은 물질적 몸의 가장 미세한 수준의 기본 구조를 나타냅니다. 이것은 물질적 영역의 눈에 보이지 않는 골격 구조로서 자외선 주파수 차원에서 진동합니다.

Body/mind consciousness. 바디/마인드 의식
물질계와 인간의 육체에 속하는 의식입니다.

Book of Life. 생명의 서
람타는 혼soul을 생명의 서라고 말합니다. 생명의 서에는 개인의 하강과 진화의 전체 여정이 지혜의 형식으로 기록되어 있습니다.

C&E® = R.
Consciousness + Energy = Reality
의식과 에너지가 현실의 본질을 창조한다는 뜻입니다.

C&E®.
의식과 에너지의 약자입니다. C&E는 람타 깨달음 학교에서 의식의 상승과 구현을 위해 가르치는 기본 훈련법에 대한 서비스 마크service mark입니다. 이 훈련을 통하여 학생들은 마음을 아날로지컬 상태로 만드는 법, 상위 4개의 씰을 여는 법, 그리고 보이드Void로부터 현실을 창조하는 법을 배웁니다. 비기닝 리트리트(비기닝 이벤트)는, 람타 가르침의 기본적인 개념과 훈련법을 배우는 비기너 학생들을 위한 C&E® 입문 이벤트의 이름입니다. 이러한 입문자를 위한 가르침은 [람타, 현실 창조 입문서]를 참고하실 수 있습니다. 람타가 만든 훈련법과 테크닉을 배우기 원하는 학생들은, 람타 깨달음 학교에서 실시하는 이벤트에 개인적으로 참가함으로써 안내받을 수 있습니다.

Christwalk. 크라이스트 워크
람타가 고안한 것으로 완전히 의식이 깨어난 상태에서 아주 천천히 걷는 법을 배우는 훈련입니다. 이 훈련을 통해서 학생들은 한 발 한 발 걸으며 그리스도의 마음the mind of a Christ을 구현하는 것을 배웁니다.

용어 해설

Consciousness. 의식

의식은 보이드가 스스로 숙고하여 태어난 산물입니다. 모든 존재들의 본질이자 기본 구조입니다. 존재하는 모든 것은 의식에서 시작되었으며, 의식과 함께 흐르는 에너지를 통해 외적으로 구현된 것입니다. 의식의 흐름이란 신의 마음의 연속체를 의미합니다.

Consciousness and energy. 의식과 에너지

의식과 에너지는 창조의 역동적인 힘을 뜻하며 서로 불가분하게 결합되어 있습니다. 존재하는 모든 것은 의식에 기원을 두고 에너지의 조절을 통해 물질로 구현된 것입니다.

Create Your Day^{SM}. 하루 창조하기

람타가 만든 훈련으로 하루를 시작하기 전인 이른 아침, 의식과 에너지를 끌어올려 그날 일어날 다양한 경험과 사건들을 강한 의도로 창조하는 기술입니다. 이 기술은 람타의 깨달음 학교에서만 독점적으로 가르칩니다.

Disciplines of the Great Work. 위대한 작업 훈련

람타의 고대 지혜 학교는 위대한 작업the Great Work에 전념합니다. 람타의 깨달음 학교RSE에서 하는 이 훈련 법들은 모두 람타에 의해 고안되고 완성되었습니다. 이것은 람타의 가르침을 처음 접하는 학생들이 직접 적용하고 경험할 수 있도록 하는 강력한 훈련법입니다.

Emotional body. 감정체

감정체는 과거의 감정, 태도 그리고 두뇌 신경망을 구성하고 개인의 개별적인 인성human personality을 결정하는 전기 화학적 패턴의 집합체입니다. 람타는 이것이 사람들을 깨어나지 못하게 하는 유혹이라고 설명합니다. 이것이 윤회의 원인입니다.

Emotions. 감정

감정은 경험의 육체적, 생화학적 효과입니다. 감정들은 과거에 속합니다. 감정은 두뇌의 신경 경로 내 지도로 이미 알려진 경험의 표현이기 때문에 과거에 속합니다.

Energy. 에너지

에너지는 언제나 의식과 함께합니다. 모든 의식은 역동적인 에너지 영향력을 동반하고 있으며 사방으로 방사되거나 스스로 자연스럽게 표현됩니다. 이처럼 모든 형태의 에너지는 각각 자신을 정의하는 하나의 의식을 동반합니다.

Enlightenment. 깨달음

불멸성과 무한한 마음에 대한 인간의 완전한 각성을 말합니다. 척추 밑에 있는 쿤달리니 에너지

가, 두뇌 내 잠자고 있는 부위들을 열어 주는 7번째 에너지 씰로 상승하여 일어나는 결과입니다. 에너지가 소뇌 하부와 중뇌로 들어가, 잠재 의식subconscious mind이 열릴 때, 눈부신 섬광을 보는 개인적인 경험을 깨달음이라고 합니다.

Evolution. 진화
진화는 가장 느린 주파수 레벨인 물질에서부터 가장 높은 의식 레벨인 제로 포인트로 돌아가는 여정을 의미합니다.

Fieldwork[SM]. 필드 워크
람타 깨달음 학교의 기초 훈련 중 하나입니다. 학생들은 자신이 알고 싶거나 경험하고 싶은 것을 종이 카드에 상징으로 그려 창조하는 법을 배웁니다. 그런 후 카드의 뒷면이 밖으로 향하도록 큰 운동장 울타리 사면에 부착합니다. 학생들은 안대를 하고 그들의 상징에 정신을 집중한 채 자유롭게 걸으면서 자신의 카드를 찾습니다. 의식과 에너지 그리고 아날로지컬 마인드의 법칙이 이 훈련에 적용됩니다.

Fifth plane. 5차원
초의식superconsciousness과 X—ray 주파수 영역의 차원입니다. 또한 골드 차원 혹은 천국으로 알려져 있습니다.

Fifth seal. 5번째 씰
이 씰은 우리를 5차원에 접속시키는 우리의 영체spiritual body의 센터입니다. 이 곳은 갑상선, 그리고 이원론에서 벗어나 진리를 말하고 사는 것과 결부되어 있습니다.

First plane. 1차원
물질과 육체적 차원을 말합니다. 이미지image 의식 및 헤르츠 주파수의 차원입니다. 이는 응결된 의식과 에너지의 가장 느리고 밀도 높은 형태입니다.

First seal. 1번째 씰
생식기관, 성욕 그리고 생존과 결부되어 있습니다.

First three seals. 첫 3개 씰
성욕, 아픔과 고통, 그리고 통제하는 권력에 관한 씰들입니다. 모든 복잡한 인간 드라마 속에서 통상적으로 작용하는 씰이 바로 이것들입니다.

Fourth plane. 4차원

용어 해설

연결 의식 및 자외선 주파수의 영역입니다. 이 차원은 낡은 것을 파괴하고 새로운 것을 창조하는 시바의 차원으로 표현되며, 아직 에너지가 플러스와 마이너스 양극으로 분리되어 있지 않습니다. 육체의 지속적인 변화와 치유를 위해서는 4차원과 블루 바디에서 먼저 변화가 있어야 합니다. 4차원은 블루 차원 혹은 시바 차원으로도 불립니다.

Fourth seal. 4번째 씰
무조건적인 사랑이며 가슴샘과 결부되어 있습니다. 이 씰이 활성화되면, 호르몬이 분비되어 완전한 건강을 유지하고 노화를 중단시킵니다.

God. 신
람타의 모든 가르침은 한마디로 "당신은 신이다."라는 말로 요약할 수 있습니다. 람타는 인류를 '자신의 천성, 신성한 존재로서의 본성과 정체성을 망각해버린 잊혀진 신'이라고 말합니다. 람타의 도전적인 이 메시지는 종교적 맹신, 신성 그리고 지혜로 가는 참된 진리에 대한 오해로 점철된 현대인들을 일깨우고자 하는 뜻이 정확하게 표현되어 있습니다.

God within. 내면에 존재하는 신
이것은 관찰자, 위대한 자아, 1차 의식, 영, 그리고 인간에 내재하는 신을 의미합니다.

God/man. 신/남자
완전히 깨달은 상태에 있는 한 명의 인간

God/woman. 신/여자
완전히 깨달은 상태에 있는 한 명의 인간

Gods. 신들
신들은 455,000년 전 다른 별 시스템에서 지구로 온 진보한 기술을 가진 존재들입니다. 이 신들은 우리와 그들의 DNA를 섞어 유전적으로 조작하여 인류를 변화시켰습니다. 그들은 인간을 정복하고 인간의 신피질을 진화시켜 노동력으로 사용하였으며 이러한 일련의 일들에 대한 증거들은 수메르 서판과 공예품에 기록되어 있습니다. 또한 이 용어는 인간의 진정한 정체성, 즉 잊혀진 신들임을 표현하기 위해 사용되기도 합니다.

Golden body. 골든 바디
5차원, 초의식, X—ray 주파수에 속하는 육체입니다.

Great work. 위대한 작업

고대 지혜 학교의 지식을 실질적으로 적용하는 작업을 말합니다. 이것은 인간이 깨달음에 도달하여 불멸의 신성한 존재로 변하게 하는 모든 훈련들을 지칭합니다.

Grid^{SM}, The. 그리드

의식과 에너지를 끌어올려 정신적 심상화를 통해 의도적으로 제로포인트의 에너지 장과 현실의 구조에 접근할 수 있도록 하기 위해, 람타가 만든 훈련 테크닉의 서비스 마크service mark입니다. 이 테크닉은 람타 깨달음 학교RSE에서 독점적으로 가르칩니다.

Hierophant. 성스러운 사제

성스러운 사제는 그들이 가르치는 것을 스스로 구현할 뿐 아니라, 그의 학생들을 그러한 지식으로 입문하게 하는 마스터 스승입니다.

Hyperconsciousness. 하이퍼 의식

6차원 및 감마선 주파수의 의식입니다.

Infinite Unknown. 무한 미지無限 未知

7 차원 및 울트라 의식의 주파수 밴드입니다.

Involution. 하강

제로 포인트 및 7차원에서 시작하여 주파수가 가장 느리고 밀도가 가장 높은 물질계로 가는 여정을 말합니다.

JZ Knight. 제이지 나이트

제이지 나이트는 람타가 자신의 채널로 선정한 유일한 사람입니다. 람타는 제이지를 자신의 사랑스러운 딸이라고 말합니다. 그녀의 이름은 라마야였는데, 람타의 생애 동안 그에게 주어진 아이들 중 가장 나이가 많았다고 합니다.

Kundalini. 쿤달리니

쿤달리니 에너지는 인간의 생명력으로서 사춘기에 상위의 여러 에너지 썰에서 척추 밑으로 내려옵니다. 이것은 인간 진화를 위해 따로 저장된 큰 에너지 덩어리로 대개는 척추 밑바닥에 똬리를 튼 뱀의 모습으로 그려집니다. 이 에너지는 성욕, 아픔과 고통 그리고 권력, 희생과 관련된 처음 3개의 썰에서 나오는 에너지와는 다릅니다. 쿤달리지 에너지는 대개 잠자는 뱀 혹은 잠자는 용으로 표현되는데, 이 에너지가 정수리로 올라가는 여정을 깨달음의 길이라고 합니다. 이 여정이 시작될 때 잠자던 뱀이 깨어나 두 갈래로 나뉘어 척추 주위를 돌며 춤추기 시작하면, 척수가 이온화되고 분자구조가 변하게 됩니다. 이러한 작용은 중뇌와 잠재의식으로 가는 문이 열리도록 합니다.

용어 해설

Life review. 인생 회고
사람이 죽어 3차원에 도달하면 방금 떠난 전생을 바라보면서 회고하는 일이 일어납니다. 이때 그 사람은 관찰자, 배우, 그리고 자신이 행한 모든 행동을 받아들이는 수용자가 될 수 있는 기회를 갖습니다. 그 생에서 끝내지 못한 문제들이 인생 회고 혹은 빛의 회고시 나타나는데, 그러한 것들은 다음 생에서 해야 할 일이 됩니다.

Light, the. 빛
빛은 존재의 3차원을 의미합니다.

Lightbody. 라이트 바디
이것은 방사체the radiant body放射體와 같습니다. 이 몸은 의식죽 자각 및 가시광선 주파수 밴드인 3차원에 속합니다.

List, the. 리스트
리스트는 람타가 가르치는 훈련 중 하나입니다. 학생들은 그들이 알고 경험하기를 원하는 사항들을 리스트로 적은 다음, 아날로지컬 의식 상태에서 집중하는 법을 배웁니다. 이 리스트는 사람의 신경망을 새롭게 디자인하고 바꾸며 재프로그래밍하기 위해 사용하는 지도와 같습니다. 이것은 그 사람의 내면에서, 그리고 그들의 현실 속에서 의미 있고 지속적인 변화가 일어나도록 도와 주는 도구입니다.

Make known the unknown. 미지의 것을 깨닫는다.
보이드가 가지고 있는 모든 무한한 가능성을 근원 의식이 구현하고 의식적인 자각을 불러오라는, 근원 의식에 주어진 본래의 신성한 사명을 표현하는 말입니다. 이 말은 창조와 진화의 역동적인 과정에 강력한 영감을 주는 근본적인 의도를 표현합니다.

Mind. 마음
마음은 뇌에 작용하여 각종 사고 형태, 홀로그램적 단편들, 또는 기억이라 불리는 신경 시냅스 패턴들을 일으키는 의식과 에너지 흐름의 산물입니다. 의식과 에너지의 흐름은 두뇌를 활발하게 유지하도록 하는 것입니다. 그것들은 힘의 원천입니다. 한 사람의 사고 능력은 의식과 에너지의 흐름에 마음을 부여하는 것입니다.

Mind of God. 신의 마음
신의 마음은 어느 차원, 어느 시대, 어느 행성, 어느 별, 어느 우주 지역이건 지금까지 살았거나, 미래에 살아갈 모든 생명체의 마음과 지혜로 이루어집니다.

Mirror consciousness. 거울 의식

제로 포인트가 보이드의 숙고하는 행위를 모방했을 때, 자신을 비추는 거울상像과 보이드의 탐험을 가능하게 한 기준점을 창조했습니다. 이 기준점을 거울 의식 혹은 2차 의식이라고 합니다. 용어 해설의 Self, the 참조.

Monkey-mind. 원숭이 마음
인성personality이 가지고 있는 산만하고 불안정한 마음을 지칭합니다.

Mother/Father Principle. 모/부 원리
모든 생명의 근원, 아버지, 영원한 어머니, 보이드를 뜻합니다. 람타의 가르침에서 근원과 창조주 God는 다릅니다. 창조주는 제로 포인트 및 1차 의식으로 간주하지만 근원이나 보이드 그 자체는 아닙니다.

Name-field. 네임 필드
네임 필드는 필드워크 훈련을 실습하는 큰 운동장의 이름입니다.

Neighborhood Walk[SM]**.** 이웃 걷기
의식과 에너지를 끌어올려서 더 이상 원치 않는 신경망과 고정된 사고의 패턴을 우리가 선택한 새 신경망으로 의도적으로 연결하고 변경시켜 새롭게 대체하는, 제이지 나이트가 고안한 훈련 기술의 서비스 마크service mark입니다. 이 테크닉은 람타 깨달음 학교RSE에서만 독점적으로 가르칩니다.

Neuronet. 신경망
동일한 기능을 함께 수행하는 일련의 신경 그물 구조를 의미하며 '신경 그물망'의 줄임말 입니다.

Observer. 관찰자
양자 역학에서 입자/파동의 붕괴를 일으키게 하는 관찰자를 지칭하는 말입니다. 이것은 위대한 자아, 영, 1차 의식primary consciousness, 인간 내면에 존재하는 신을 의미합니다.

Outraeous. 엉뚱한
람타는 비범하고 별나며 예측할 수 없는 행동을 하는 아주 당당하고 열정적인 사람이나 사물을 긍정적으로 표현할 때 이 말을 사용합니다.

People, place, things, times, and events. 사람, 장소, 사물, 시간, 그리고 사건.
인간이 주로 경험하는 삶의 영역들로 인성이 감정적으로 집착하는 것들입니다. 이러한 영역들은 인간의 과거를 표현하며, 감정체의 내용을 구성합니다.

용어 해설

Personality, the. 퍼스널리티/ 인성
 감정체Emotional body참고.

Plane of Bliss. 지복의 차원
 혼들이 자신의 삶을 인생 회고한 후, 다음 생에 대한 계획을 세우기 위해 가는 휴식처입니다. 이곳은 또한 어떠한 고통이나 아픔, 필요나 결핍이 없고 모든 바람이 즉석에서 이루어지는 천국 혹은 낙원으로 알려졌습니다.

Plane of demonstration. 보여주는 차원
 물질계는 보여주는 차원이라고도 불립니다. 이 세상에서 인간이 자신의 감정적 이해를 확장하기 위해 물질로 창조적 잠재력을 증명해보고, 물질적 형태로 표현된 의식을 목격하는 차원입니다.

Point Zero. 제로 포인트
 보이드가 스스로 숙고를 통해 창조한 최초의 자각 포인트를 지칭합니다. 제로 포인트는 보이드의 최초의 자식이자 의식이 탄생한 곳입니다.

Primary consciousness. 1차 의식
 관찰자, 위대한 자아, 인간 내면에 존재하는 신입니다.

Ram. 람
 람이란 람타라는 이름을 짧게 부른 것입니다. 람타는 아버지 신the Father이라는 의미입니다.

Ramaya. 라마야
 람타는 제이지 나이트를 자신의 사랑하는 딸이라고 부릅니다. 그녀는 라마야였으며, 람타의 생애에서 입양된 첫 번째 자식이었습니다. 람타는 러시아 대평원에서 버려진 라마야를 발견했습니다. 람타의 원정 기간 동안 많은 사람들이 그에 대한 사랑과 존경의 표시로 그들의 자식을 선물했으며, 이 아이들은 람타의 집에서 자랐습니다. 람타의 아이들은 133명까지 늘어났지만, 그의 혈통을 가진 자손은 한 명도 없었습니다.

Ramtha(etymology). 람타 (어원)
 바람의 주, 깨달은 자 람타라는 명칭은 아버지 신the Father이라는 의미입니다. 또한 '람의 기적의 날'로 알려진 그 날 산에서 내려온 람을 지칭하는 말입니다. "이것은 아주 오래 전 고대에 있었던 일입니다. 고대 이집트에는 위대한 정복자 람에게 바친 대로가 있습니다. 그리고 그들은 람타의 대로를 걸어서 내려갈 수 있는 사람은 누구나 바람을 정복할 수 있다는 말을 이해할 만큼 충분히 지혜로웠습니다." 노아의 손자인 아람의 이름은 아랍어인 아르--지구, 광대한 대륙-- 에서, 람

타는 높다라는 뜻에서 유래하였습니다. 샘족에서 이 이름은 높은 산에서 내려와 위대한 진군을 시작했음을 뜻합니다.

Runner. 러너
람타가 살았던 때 러너라는 말은 특별한 메시지나 정보를 가져오는 책임을 맡는 것을 뜻했습니다. 마스터 스승은 다른 사람들에게 러너를 보내는 능력을 가지고 있어서 그들의 말과 의도를 경험이나 사건의 형태로 구현하게 합니다.

Second plane. 2차원
사회적 의식 및 적외선 주파수 밴드가 존재하는 차원입니다. 통증과 고통과 결부되어 있으며, 이 차원은 가시광선 주파수인 3차원의 부정 극성입니다.

Second seal. 2번째 씰
이 씰은 사회 의식과 적외선 주파수 밴드의 에너지 센터입니다. 통증과 고통의 경험과 결부되어 있으며 하복부에 위치합니다.

Secondary consciousness. 2차 의식
제로 포인트가 보이드의 숙고 행위를 모방했을 때, 자신을 비춘 거울상像을 창조했습니다. 그리고 이것은 보이드의 가능성을 탐험하는 기준점이 되었습니다. 이 기준점을 거울 의식 혹은 2차 의식이라고 합니다. 아래 자아Self, the 참조.

Self, the. 자아
자아는 인성personality과는 다른 인간의 진정한 정체성을 의미합니다. 이것은 그 사람의 초월적인 면이며 2차 의식, 미지의 것을 깨닫는 하강과 진화의 여정을 걷고 있는 여행자를 지칭합니다.

Sending-and-receiving. 샌딩 리시빙/ 송신과 수신
송신과 수신은 람타가 가르치는 훈련의 명칭입니다. 이 훈련에서 학생은 감각을 배제하고 중뇌의 능력만을 사용하여 정보에 접속하는 법을 배웁니다. 이 훈련은 학생들의 텔레파시와 예지력 등을 발달시킵니다.

Seven seals. 7개의 씰
인체 내 7단계의 의식을 구성하고 있는 강력한 에너지 센터들을 의미합니다. 2개의 밴드는, 이러한 씰들을 따라 인체가 에너지를 한데 잡아 두는 방법입니다. 모든 인간 존재에게는 에너지가 중심에서 소용돌이처럼 나오는 아래 3개의 씰 혹은 센터가 있습니다. 1번째, 2번째, 3번째 각각의 씰에서 나와 맥

용어 해설

동하는 에너지는 각각 성욕, 통증, 권력으로 구현합니다. 상위 4개의 씰들이 열리면, 더 높은 수준의 자각awareness이 활성화됩니다.

Seventh plane. 7차원
울트라 의식ultraconsciousness과 무한 미지infinte Unknown 주파수 밴드의 차원입니다. 이 차원은 하강의 여정이 시작되는 곳입니다. 제로 포인트가 보이드의 숙고 행위를 모방했을 때 창조되었고 이어서 거울 의식 혹은 2차 의식이 창조되었습니다. 존재의 차원 혹은 공간과 시간의 관점은 두 개의 의식 포인트 사이에 존재합니다. 그 외의 모든 다른 차원은 7차원의 시간과 주파수 밴드가 느려지면서 창조된 것들입니다.

Seventh seal. 7번째 씰
이 씰은 정수리, 뇌하수체 그리고 깨달음을 얻는 것과 결부되어 있습니다.

Shiva. 시바
시바신은 블루 차원 및 블루 바디를 대표합니다. 이는 힌두교에서 유일신을 의미하는 시바와는 다릅니다. 오히려 이것은 4차원 및 자외선 주파수 밴드에 속하는 의식 상태를 표현하는 것이며, 4번째 씰이 열리는 것을 의미합니다. 시바는 남성도 아니고 여성도 아닙니다. 4차원 세상의 에너지는 +, − 양극으로 갈라지지 않기 때문에 시바는 양성의 존재입니다. 이것은 전통 힌두교에서의 부인이 있는 남성 신 시바와는 다른 아주 결정적인 차이점입니다. 시바의 발 밑에 있는 호랑이 가죽과 손에 들고 있는 삼지창 그리고 머리 위에 있는 태양과 달은 의식의 첫 3개 씰을 초월하여 육체를 지배했음을 상징하는 것입니다. 쿤달리니 에너지는 척추 아래에서부터 머리로 불같이 올라가는 에너지로 그려져 있습니다. 이 역시 힌두교에서 시바를 5번째 씰 혹은 목에서 나오는 뱀 에너지로 표현하는 것과는 다릅니다. 또 다른 상징적 이미지는 긴 숱처럼 늘어뜨린 검은 머리카락과 수많은 진주로 된 목걸이들인데, 이것은 자신의 풍부한 경험이 지혜로 축적됐다는 것을 의미합니다. 화살 통, 활 그리고 화살은 시바가 그의 강력한 의지를 쏘아 불완전함을 무너뜨리고 새로운 것을 창조하는 것을 의미합니다.

Sixth plane. 6차원
하이퍼 의식hyperconsciousness 및 감마선 주파수 밴드의 영역입니다. 이 차원에서 전체 생명과 하나가 되는 존재의 자각을 경험합니다.

Sixth seal. 6번째 씰
이 씰은 송과선과 감마선 주파수 밴드와 결부되어 있습니다. 이 씰이 활성화될 때, 잠재의식subconscious mind이 알고 있는 것을 여과하고 베일을 씌우는 망상체가 열립니다. 두뇌가 열린다는 말은 이 씰이 열리고 이 의식과 에너지가 활성화된다는 것을 뜻합니다.

Social consciousness. 사회 의식
2차원과 적외선 밴드의 의식입니다. 인성personality의 이미지이자 첫 3개 썰의 마음이라고도 합니다. 사회 의식은 인간 사회의 집단 의식을 지칭합니다. 이것은 인류가 가지는 동질적인 사고, 추측, 판단, 편견, 법, 도덕, 가치관, 태도, 그리고 감정의 집합입니다.

Soul. 혼
람타는 혼을 생명의 서라고 말합니다. 혼에는 개인의 하강과 진화의 모든 여정이 지혜의 형태로 기록됩니다.

Subconscious mind. 잠재 의식
잠재 의식은 소뇌 혹은 파충류 뇌에 자리 잡고 있습니다. 이 두뇌 부위에는 전두엽과 몸 전체에 독립적으로 연결할 수 있는 연결체계가 있으며, 모든 시대의 지혜인 신의 마음에 접속할 수 있는 힘을 가지고 있습니다.

Superconsciousness. 초의식
5번째 차원 및 X-ray 주파수 밴드의 의식입니다.

Tahumo. 타후무
람타가 가르치는 훈련으로 학생들은 인간의 몸에 영향을 미치는 자연적 환경추위와 더위을 초월할 수 있는 능력을 가르치는 것입니다.

Tank field. 탱크 필드
탱크 훈련을 할 때 사용하는 미로가 있는 큰 운동장의 이름입니다.

Tank®, The. 탱크
람타 깨달음 학교의 훈련 중 하나로 미로를 사용하는 훈련의 이름입니다. 학생들은 안대로 눈을 가린 채 손으로 벽을 만지거나 눈 혹은 다른 감각을 사용하지 않고 오직 보이드에만 집중해 입구를 찾아 들어가는 것을 배웁니다. 이 훈련의 목표는 안대로 눈을 가린 상태에서 그 미로의 중앙이나 보이드를 대표하는 지정된 방을 찾는 것입니다.

Third plane. 3차원
자각 의식 및 가시광선 주파수 밴드 차원입니다. 또한 빛의 차원, 멘탈the mental plane으로도 알려져 있습니다. 블루 차원의 에너지가 이 주파수 밴드로 내려오면, 에너지는 플러스와 마이너스 양극으로 분리됩니다. 이 지점에서 혼이 둘로 분리되어 소울 메이트 현상이 시작됩니다.

용어 해설

Third seal. 3번째 씰
 이 씰은 의식적 자각conscious awareness 및 가시광선 주파수 밴드의 에너지 센터입니다. 통제, 독재, 희생, 그리고 권력과 결부되어 있습니다. 이것은 태양 신경총 부위에 위치합니다.

Thought. 생각
 생각은 의식과 다릅니다. 두뇌는 어떤 의식의 흐름을 처리하여 생각이라는 신경학적, 전자적, 화학적으로 새겨진 조각들/홀로그램 사진으로 바꿉니다. 생각은 마음을 짓는 벽돌입니다.

Torsion Process^{SM}. 토션 프로세스
 람타가 고안한 것으로 의식과 에너지를 끌어올린 후, 마음을 사용하여 의도적으로 하나의 토션 장field을 창조하는 훈련 기술입니다. 이 훈련을 통해서 학생은 시간/공간에서 웜홀을 만드는 법, 현실을 바꾸는 법, 또한 사라지기, 공중 부양, 두 장소에 존재하기, 순간 이동 등과 같은 다차원적인 현상을 창조하는 법을 배웁니다. 이것은 람타의 깨달음 학교RSE에서 독점적으로 가르칩니다.

Twilight®. 트와일라잇
 람타가 가르치는 훈련을 표현하기 위해 사용하는 말로서 학생들은 자신의 의식적 자각을 유지한 채, 육체를 깊은 수면과 유사한 정신적 상태 속으로 들어가는 법을 배우게 됩니다.

Ultraconsciousness. 울트라 의식
 7차원 및 무한 미지 주파수 밴드의 의식입니다. 이것은 초탈한 마스터의 의식입니다.

Unknown God. 미지의 신
 미지의 신은 람타의 선조들인 레무리아인들이 알았던 유일신입니다. 미지의 신은 인간의 잊혀진 신성과 신성한 본질을 표현합니다.

Void, the. 보이드
 물질적으로 아무것도 없는 광대한 무이지만 잠재적으로 모든 것이 존재하는 상태를 의미합니다. 모/부 원리Mother/Father Principle 참고.

Yellow brain. 옐로 브레인
 람타는 분석적이고 감정적인 생각들이 모여 있는 곳인 신피질을 옐로 브레인이라고 말합니다. 이것을 옐로 브레인이라고 부르는 이유는 람타가 두뇌의 기능과 처리과정을 가르칠 때 사용한 2차원적인 만화와 같은 방식으로 그렸던 최초의 그림에서 신피질을 노란색으로 칠했기 때문입니다. 람타는 학습 효과와 이해를 돕기 위해 그림 속의 다른 뇌 부위들을 과장했으며 또한 다양한

색깔로 강조했다고 설명합니다. 이 특별한 그림은 두뇌에 대한 각종 강의에서 사용하는 표준 도안이 되었습니다.

Yeshua ben Joseph. 예수와 벤 조셉

람타는 예수를 그 당시 유태인 전통을 따라 예수와 벤 조셉이라 부릅니다.

그림 해설

Fireside Series, Volume 3, No. 3

[그림 A] 인간의 육체에 있는 7가지 의식 차원

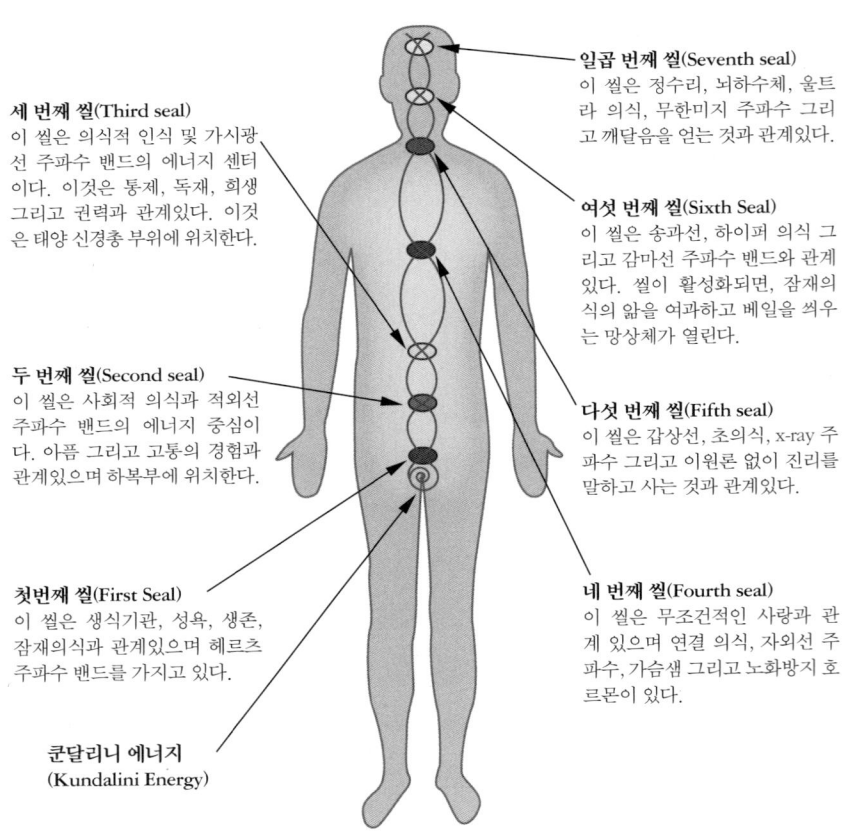

Copyright © 2000 JZ Knight

그림

[그림 B] 의식과 에너지의 7가지 단계

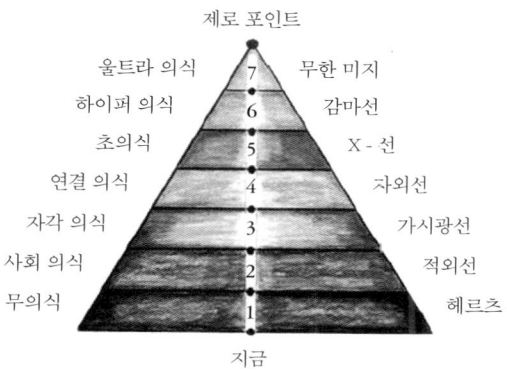

[그림 C] 두뇌

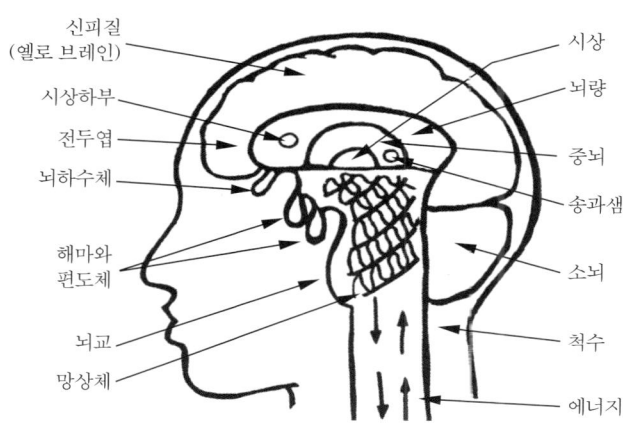

아이커넥의 책들

람타 화이트 북
―람타―

람타 화이트북은 모든 존재의 근원, 우리의 잊혀진 신성, 죽음 뒤의 삶, 진화, 사랑, 의식과 마음의 힘, 자연이 주는 가르침 등 인류의 오랜 질문들을 본격적으로 다룬다.

출간

람타, 현실 창조 입문서
―람타―

이 책은 고대 지혜 학교의 지식과 인류 역사를 통해 전해진 성인들의 지식을 공개하여, 누구나 마스터가 될 수 있도록 이끌고 있다. 람타의 파란만장한 인생 여정과 무한한 신성을 향해 내디딘 그의 발자취와 함께 진정 우리가 누구인가에 대한 미스터리
를 푸는 새로운 훈련법과 지식을 제공하여, 독자를 진정한 나를 찾는 영적 여정으로 안내한다.

출간

파이어 사이드 시리즈
Defining the Master —람타—

"당신들 모두에게 마스터의 삶이 존재한다"

출간 예정

파이어 사이드 시리즈
Changing the Timeline of Our Destiny —람타—

"위대한 작업을 통해 현실을 바꾼다"

출간 예정

파이어 사이드 시리즈
FORGOTTEN GODS
Waking Up —람타—

"관찰자만이 길을 안다"

출간 예정

파이어 사이드 시리즈
Crossing the River —람타—

"삶의 비밀은 저 멀리 당신 밖에 있는 것이 아니다"

출간 예정

파이어 사이드 시리즈
A Master's Key For Manipulating Time —람타—

"시간여행, 과거와 미래를 바꾼다"

출간 예정

파이어 사이드 시리즈
Making Contact —람타—

"우리의 혼이 갈구하는 것은 무엇인가?"

출간 예정

파이어 사이드 시리즈
Buddha's Neuronet for Levitation —람타—

"우리 자신을 정복하고 감정을 입고 있는 우리 몸을 정복하면?"

출간

파이어 사이드 시리즈
Who Are We Really?
—람타—

"당신이 신이라는 걸 당신은 모르는가?"

출간 예정

파이어 사이드 시리즈
The True Story of a Master
(Gandalf's Battle on The Bridge in
The Mines of Moria) —람타—

"인간 대 관찰자, 그에 얽힌 이야기를 알고 싶다면 반지의 제왕을 읽어라"

출간 예정

파이어 사이드 시리즈
When Fairy Tales Do Come True —람타—

"신데렐라의 넝마가 아름다운 드레스로 바뀌는 것을 설명할 수 있는 것은 수학뿐, 그것이 양자 역학이다"

출간 예정

파이어 사이드 시리즈
Prophets of Our Own Destiny —람타—

"보이지 않는 것들로부터 당신을 차단시키는 것, 그것을 제거하라"

출간 예정

파이어 사이드 시리즈
Jesus The Christ : The Life of a Master
—람타—

출간 예정

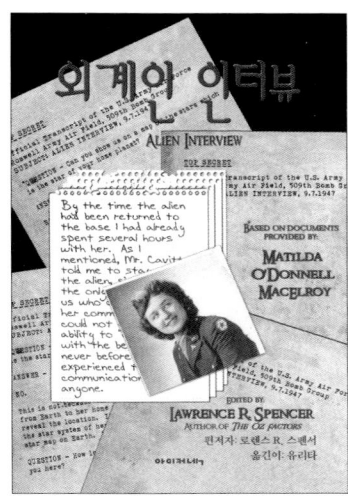

외계인 인터뷰
―로렌스 R. 스펜서―

1947년 저자 맥엘로이씨는 미 공군 여사단 의무부대 간호장교로 미 공군 509포격사단 파견 근무 수행 중에, UFO 추락 사건 현장을 직접 목격하게 되고, 현장에서 외계인이 보내는 텔레파시를 인지, 이를 받아들인 상부의 지시에 따라 2개월 간 외계인과의 인터뷰 임무를 수행하게 된다. 이 책은 그 인터뷰 사본의 내용이다.

출간

우리 모두를 위한 동화
아침식사는 구름으로
글 로라 에이슨
그림 켄트 시스나
옮긴이 손민서

"구름의 변화 무쌍함과 작가의 상상력으로 장식한 무한한 가능성의 여정에 독자를 초대합니다"

출간

LOVE YOURSELF
INTO LIFE
THE MAGIC BOOK
―람타―

질문을 안고 책을 펼치십시오.
어디를 펼치든 당신이 펼친 그 페이지는
당신에게 질문에 대한 해답이나 해답을
얻을 앎을 줄 것입니다.
매직북을 펼치십시오.

출간 예정

옮긴이   손민서

람타 깨달음 학교 학생
파이어 사이드 시리즈 [붓다의 공중 부양 신경망]을 번역했다.

감수자   유리타

람타 깨달음 학교 한국 코디네이터
[람타, 화이트북] [람타, 현실 창조를 위한 입문서]를 번역했다.